Bauwelt Fundamente 80

Herausgegeben von Ulrich Conrads
unter Mitarbeit von Peter Neitzke

Beirat:
Gerd Albers
Hansmartin Bruckmann
Lucius Burckhardt
Gerhard Fehl
Herbert Hübner
Julius Posener
Thomas Sieverts

Georg Dehio · Alois Riegl

Konservieren, nicht restaurieren

Streitschriften zur Denkmalpflege um 1900

Mit einem Kommentar von Marion Wohlleben und einem Nachwort von Georg Mörsch

Friedr. Vieweg & Sohn Braunschweig/Wiesbaden

Die Abbildung auf der ersten Umschlagseite
zeigt den „Ottheinrichsbau" (Heidelberger Schloß), 1563 vollendet,
1689 teilweise zerstört,
in seinem heutigen Zustand (Archiv Michael Brix, München).
Die Abbildung auf der vierten Umschlagseite
zeigt den Rekonstruktionsvorschlag von Carl Schäfer
aus dem Jahre 1900 (Centralblatt der Bauverwaltung Nr. 1, 1902).

Der Verlag Vieweg ist ein Unternehmen der Verlagsgruppe Bertelsmann.

Alle Rechte vorbehalten
© Friedr. Vieweg & Sohn Verlagsgesellschaft mbH, Braunschweig 1988
Umschlagentwurf: Helmut Lortz
Satz: R. E. Schulz, Dreieich
Druck und buchbinderische Verarbeitung: Lengericher Handelsdruckerei, Lengerich
Printed in Germany

ISBN 3-528-08780-3   ISSN 0522-5094

Inhalt

Vorwort 7
von Marion Wohlleben

1 Georg Dehio:
Was wird aus dem Heidelberger Schloß werden? *34*

2 Alois Riegl:
Der moderne Denkmalskultus, sein Wesen und seine Entstehung *43*

3 Georg Dehio:
Denkmalschutz und Denkmalpflege im neunzehnten Jahrhundert *88*

4 Alois Riegl:
Neue Strömungen in der Denkmalpflege *104*

... und heute?
Georg Dehio und Alois Riegl, 1987 gelesen *120*
von Georg Mörsch

Quellenhinweise *126*

Vorwort

1 Zur Aktualität der Texte von Georg Dehio und Alois Riegl

Der Wiederabdruck der Texte zur Denkmalpflege von Georg Dehio und Alois Riegl hat keinen aktuellen Anlaß wie Geburtstag, Todestag oder sonst ein Jubiläum. Zunächst ging es ganz einfach darum, diese nur noch schwer (in den Kunsthistorischen Schriften von 1914 bzw. 1929) erreichbaren Texte ihrer ursprünglichen Bestimmung gemäß wieder einem größeren Leserkreis zugänglich zu machen. Denn sowohl Dehio als auch Riegl wenden sich bewußt nicht nur an die Kollegen in der Denkmalpflege, sie wollen die Öffentlichkeit von der Notwendigkeit überzeugen, daß für den Schutz historischer Bauten mehr getan werden müsse und daß die Bevölkerung viel dazu beitragen könne.

Für Denkmalpfleger und für Fachleute, die in der Denkmalpflege arbeiten, gehören diese Texte seit langem zur Pflichtlektüre, denn sie begründen unsere moderne Disziplin; wie bei jeder Pflichtlektüre scheint man der angemessenen Rezeption dieser Schriften in Fachkreisen nicht mehr allzuviel Bedeutung beizumessen. Würdigung, Vergleich und Interpretation dieser Schlüsseltexte jedenfalls ließen lange auf sich warten. Erst kürzlich wurde diese Lücke mit der kritischen Textauswahl *Denkmalpflege. Deutsche Texte aus drei Jahrhunderten* von Norbert Huse (München 1984) geschlossen.

Das vorliegende Buch publiziert die wichtigsten Texte zur Denkmalpflege von Dehio und Riegl erstmals wieder vollständig. Damit ist eine leicht zugängliche Grundlage für die schnelle Information und für die intensive Weiterbearbeitung der Geschichte der Denkmalpflege geschaffen.

Mit der Neuherausgabe der etwa 80 Jahre alten Texte geht freilich auch die Überzeugung einher, daß sie für uns noch immer irgendeine Art von Aktualität besitzen. Diese Aktualität besteht in der Tat zunächst darin, daß das derzeitige gesellschaftliche Verhältnis zu Geschichte und Vergangenheit, zu den Denkmälern und zur Denkmalpflege sich als zwiespältig und höchst problematisch – besonders für die Denkmäler – erweist. Sucht man sodann nach Ursachen oder nach einer Erklärung für unser heutiges Denkmalverständnis, so stößt man fast zwangsläufig auf die Zeit um die Jahrhundertwende, eine Zeit, in der sich die noch junge Denkmalpflege in Deutschland als Folge von Industrialisierung und Reichsgründung bereits in einer tiefen Krise befand. Aber nicht nur die Krise selbst legt manche Parallele zur heutigen Situation nahe, auch die Ursachen und Lösungsversuche sind von den gegenwärtigen gar nicht so verschieden. So waren 1975, im Internationalen Jahr für Denkmalpflege, ähnlich wie zur Jahrhundertwende, die enormen Aktivitäten in diesem Bereich nicht etwa Ausdruck neuer Blüte, sondern des Erschreckens über tiefgreifende bauliche und strukturelle Veränderungen, gegen die es keine ausreichende Handhabe gab.

Vieles hat sich freilich in 80 Jahren geändert; die Arbeit der Denkmalpflege ist zur institutionellen Realität geworden. Die Frage allerdings, ob seither der Fortbestand unseres historischen Erbes besser gesichert sei, läßt große Zweifel aufkommen. Obwohl die theoretischen und, in Ansätzen, auch die organisatorischen Grundlagen für einen effizienteren Denkmalschutz damals geschaffen worden sind, kann von einer fortschreitenden Verbesserung der Überlebenschancen für die Denkmäler nicht die Rede sein. Dafür ist kaum allein aber der natürliche Verfall verantwortlich, sondern die Geringschätzung älterer Kulturleistungen im Vergleich mit heute geltenden gesellschaftlichen Wertvorstellungen. Insofern war die Denkmalpflege von Anfang an mehr oder weniger hilflos, wenn es darum ging, ausgewählte Zeugnisse der vor- und frühindustriellen Zeit vor Verwertungsinteressen zu schützen. Allzuoft mußte sie sich mit der Aufnahme in ein Inventar, Museum oder eine Notdokumentation zufrieden geben.

Die Krise in der Denkmalpflege der Jahrhundertwende wurde durch ein ganzes Bündel von Mängeln hervorgerufen: durch das Fehlen von Gesetzen, ausgebildeten Fachleuten ebenso wie von Geldmitteln. Besonders aber die noch immer nach überholten Grundsätzen praktizierten Restaurierungen teilten nun die Denkmalpfleger in zwei Lager. Und schließlich gelangten einige zu der Erkenntnis, daß auf die vielfältigen Veränderungen in Stadt und Land mit den bisherigen Mitteln der Denkmalpflege, Inventarisation und Restaurierung allein nicht mehr zu reagieren war. Mag sich auch aus unserer Sicht die gesellschaftliche Situation um die Jahrhundertwende als relativ stabil oder als in einem nur langsamen Wandel begriffen darstellen, für die Zeitgenossen muß sich der Umbau zur Industriegesellschaft zeitweilig bedrohlich ausgenommen haben. Es sei nur an Schinkel erinnert, der bereits 1815 vor dem weiteren Abbruch alter Bauten warnte, damit wir nicht „in kurzer Zeit unheimlich, nackt und kahl wie eine neue Kolonie in einem früher nicht bewohnten Lande" dastehen. Um wieviel berechtigter müssen da alle Warnungen, Mahnungen und Klagen erscheinen, die damals Bodenspekulation, Citybildung, Verkehrsentwicklung und Profitinteressen für die Veränderungen verantwortlich machten.

Auf den verschiedensten Ebenen unternahm man daher um 1900 verstärkte Anstrengungen, die in den achtziger Jahren begonnenen Schutzinitiativen um neue zu ergänzen und erfolgreich durchzusetzen.
War im 19. Jahrhundert das kritische Nachdenken über Erhaltungsfragen auf wenige Kenner beschränkt gewesen, so zeichnete sich die Denkmalpflege der Jahrhundertwende durch zunehmende Erweiterung des Interessentenkreises und durch Veröffentlichung ihrer Themen und Probleme aus. Fortschrittliche Architekten und Kunsthistoriker schalteten sich in die Diskussion ein, und eine Vielzahl gebildeter Laien beteiligte sich in Zeitungsartikeln und Vorträgen an den Debatten.
So wird 1899 die erste deutsche Fachzeitschrift, *Die Denkmalpflege*, gegründet. Sie erweist sich jedoch als bloßes Sprachrohr ihres Herausgebers, der preußischen Bauverwaltung und ihrer vorwiegend konservativen Restaurierungspraxis. Die zahllosen Berichte über die Wiederherstellung mittelalterlicher Burgen und Kirchen spiegeln die seit Beginn des Jahrhunderts weitgehend unveränderten Stilideale der beamteten Baumeister, die zwar von Erhalten reden, jedoch ergänzen, verschönern, verbessern und erneuern. Insofern ist die Zeitschrift nur vordergründig ein neues Diskussionsforum für „alle Fragen der Denkmalpflege". Neue Themen, kritische Positionen, theoretische Überlegungen kommen kaum zur Sprache, und so verwundert es nicht, daß außer Paul Clemen kein Vertreter des Reformkurses hier durch einen Beitrag vertreten ist.
Ganz im Unterschied zur Zeitschrift steht der *Tag für Denkmalpflege*, die 1900 vom Gesamtverein der deutschen Geschichts- und Altertumsvereine gegründete Jahrestagung der Denkmalpfleger. Sie ist mit ihrer ständig wachsenden Teilnehmerzahl das Forum, auf dem sich das ganze Spektrum deutscher Denkmalpflege darbietet. Hier werden etwa die heftigen Kontroversen zwischen der Historischen Schule, vertreten durch Paul Tornow, und der Erhaltungsfraktion ausgetragen, die mit Cornelius Gurlitt und Georg Dehio Jahr für Jahr an Terrain gewinnt.
Anhand der *Stenographischen Berichte*[2] kann man feststellen, daß sich in der Denkmalpflege auch auf sprachlicher Ebene eine Klimaveränderung vollzog. Bei aller noch üblichen Höflichkeit und Umgänglichkeit konnten die Diskussionen bisweilen eine bis dahin nicht gekannte Schärfe annehmen. Denkmalpflege war nicht mehr das Steckenpferd weniger Gebildeter; sie konnte auch gegensätzliche Interessen zutage fördern: Es gab Fragen der Denkmalpflege, über die leidenschaftlich gestritten wurde. Ein Beispiel von vielen ist Paul Clemens Vortrag vor der Mitgliederversammlung der Geschichts- und Altertumsvereine, in dem er das Fehlen deutscher Denkmalschutzgesetze kriti-

siert: „In der großen, in den beiden letzten Jahrzehnten durch Europa flutenden Bewegung, die einen gesetzlichen Schutz für die immer mehr bedrohten Denkmäler forderte, ist Deutschland nicht auf halbem Wege, sondern am Eingang des Weges stehen geblieben. Die nordafrikanischen Staaten stehen heute, was gesetzlichen Schutz der Denkmäler betrifft, weit über Preußen, Sachsen, Württemberg: das ist ein unwürdiger und unhaltbarer Zustand."[3]
Eine große Rolle bei der Erweiterung des Gesichtskreises für die Erhaltungsaufgaben spielte die 1904 als *Bund Heimatschutz* gegründete Heimat- und Naturschutzbewegung. Der Heimatschutz sah Denkmalpflege als eine seiner Aufgaben an und definierte auch programmgemäß seine Erhaltungsvorstellungen umfassender als die Denkmalpflege. So überlagerten sich Heimatschutz und Denkmalpflege nicht nur thematisch, sondern auch personell; von 1911 bis zum Ersten Weltkrieg hielten sie gemeinsame Jahrestagungen ab. Von dieser Zusammenarbeit profitierte die Denkmalpflege besonders im Hinblick auf die Definition neuer schutzwürdiger Bereiche, wie beispielsweise Stadtgrundrisse, Straßennamen, aber auch der bebauten oder bepflanzten Umgebung von Schutzobjekten.
Initiativen innerhalb der Denkmalpflege, mehr aber noch Anstöße von außen bewirkten eine Kursänderung in der bisherigen Denkmalpflege. Sie äußerte sich in der lang erstrittenen legislativen und institutionellen Verankerung des Denkmalschutzes. Das erste deutsche Denkmalschutzgesetz trat 1902 in Hessen in Kraft, ihm folgten die anderen deutschen Staaten. Andererseits aber erweiterte sich gerade durch das Interesse anderer gesellschaftlicher Gruppen an Fragen des Denkmalschutzes das Erhaltungsbewußtsein auf neue Bereiche. Hierzu äußerte sich Paul Clemen in seinem Vortrag auf der ersten gemeinsamen Tagung für Denkmalpflege und Heimatschutz im Jahre 1911: „Vor 20 Jahren und mehr rechneten als Denkmäler, als schutzbedürftige Monumente, für uns zunächst nur die großen Bauorganismen von nationaler und provinzialer Bedeutung, die eben in der Kunstgeschichte ihre feste Stellung haben. Langsam, langsam sind wir weitergegangen, wir haben uns gesagt, daß die Kunstgeschichte eines Landes sich doch nur aufbaut auf der engeren Entwicklung eines kleineren geographischen Gebietes, eines Territoriums, einer Gemeinde, und daß die Denkmäler dieser Gemeinde eben die monumentalen Urkunden ihrer Entwicklung sind, eng und unlöslich verknüpft mit dem geistigen, wirtschaftlichen Aufschwung und Wandel. Und so allmählich ist der Denkmälerbegriff übergegangen auch auf alle die kleinen, unscheinbaren Zeugnisse der Baukunst bis herab zu Heiligenhäuschen und Bildstöcken usw., in der Welt der Ausstattung bis herab zu den bescheidenen Schöpfungen der Volkskunst; das ganze Gebiet des Wohnbaus, des Bauernhauses, des bürger-

lichen Wohnhauses ist in den Bereich unserer Tätigkeit gezogen worden, und ganz von selbst sind wir auf diese Weise gekommen zur Ausdehnung des Schutzes der Denkmalpflege auf das ganze Stadtbild, zur Erhaltung der historischen Ortsbilder, des Landschaftsbildes."[4]
Aber es ging nicht mehr nur um neue denkmalwürdige Bereiche, sondern auch um neue Erhaltungskriterien, die neben den bisherigen historisch-kunsthistorisch motivierten Auswahlkriterien für Denkmäler gefordert wurden.
Erfahrungen und Erlebnisse mit Altstadt, Stadt- oder Dorfbildern und mit deren Veränderung waren bis dahin eher ein Thema für literarische oder volkskundliche Abhandlungen, nicht aber für die Denkmalpflege gewesen.
Viele Denkmalpfleger, so scheint es, kamen an der Einsicht nicht mehr vorbei, daß die allenthalben wahrnehmbaren Veränderungen des baulichen und sozialen Umfeldes, auf die man allgemein mit der Wertschätzung bis dahin unbeachteter Denkmaleigenschaften reagierte, sich auch auf eine Revision der Erhaltungsvorstellungen auswirken müßten.
So gibt es zur Jahrhundertwende eine Fülle von mehr oder weniger kritischen Beschreibungen der damaligen Situation, ihren Ursachen und Auswirkungen; man sucht nach vielfältigen Erklärungen und macht zahlreiche Lösungsvorschläge. Nur wenige allerdings, zu ihnen gehören Dehio und Riegl, versuchen die aktuellen Probleme in einem umfassenden Entwurf neuer Erhaltungsvorstellungen zu begreifen und darzustellen. Es sollte auf Riegl beschränkt bleiben, dieses moderne Denkmalverständnis im Rahmen seiner Theorie von der Entwicklung der Kunst zu interpretieren.

2 Gemeinsamkeiten und Gegensätze bei Dehio und Riegl

Vor dem Hintergrund einer bis zur Jahrhundertwende weitgehend theorielosen Denkmalpflege, die, wie erwähnt, in mancher Hinsicht reformbedürftig war, nehmen die Programmschriften Dehios und Riegls durchaus einen hervorragenden Platz ein. Bis dahin war die Denkmalpflege, von Ausnahmen abgesehen, bestimmt von Praktikern – Baufachleuten, Kunstmalern und Restauratoren mit verschiedenen Gattungs- und Stilvorlieben – sowie von Historikern und Kunsthistorikern mit unterschiedlichen Forschungsschwerpunkten. Ein klares Berufsbild fehlte ebenso wie eine gezielte Ausbildung für Denkmalpfleger, so daß die Denkmalpflege am Ende des Jahrhunderts ein heterogenes Bild bot, gekennzeichnet durch den Mangel an fundierten Erhaltungsvorstellungen sowie fehlender Koordination der Arbeitsgebiete und Forschungsergebnisse. Dennoch, das sollte eingangs deutlich gemacht wer-

den, standen Dehio und Riegl mit ihren kritischen Überlegungen und innovativen Ideen nicht völlig allein. Es gab einen Reformkurs, mitgetragen von Kunsthistorikern wie Paul Clemen, Cornelius Gurlitt, Max Dvořák, Konrad Lange und Georg Hager, von Architekten wie Hermann Muthesius und Theodor Fischer und eben auch von Vertretern der Heimatschutzbewegung. Das macht sie alle jedoch nicht einfach zu Repräsentanten des Zeitgeistes der Jahrhundertwende, denn der wehte, wenn überhaupt in eine Richtung, dann in die entgegengesetzte. Ein Generationenvergleich der Vertreter gegensätzlicher Positionen macht übrigens deutlich, daß es hier nicht nur um den immer schon gewonnenen Kampf der Jüngeren gegen die Älteren ging, sondern vielmehr um konkurrierende Interessengruppen, wie sie beispielsweise die preußischen Staatsbaumeister und die Gruppe der freien Architekten darstellten.
Sowohl Dehio als auch Riegl gelten heute, jeder auf seine Weise, als Protagonisten jenes Reformkurses der Jahrhundertwende, der lange nach Frankreich die Ideen John Ruskins und der Antirestaurierungsbewegung in Deutschland bzw. im deutschen Sprachraum zu verarbeiten begann. Aber bereits vor ihrer Auseinandersetzung mit denkmaltheoretischen Fragen lassen sich vergleichbare Interessen feststellen. Wie Dehio arbeitete auch Riegl vor seiner Beschäftigung mit Kunstgeschichte als Historiker. Als Kunsthistoriker dann zeigten beide Interesse an wissenschaftstheoretischen Themen, wenngleich sie für Riegl offenbar die größere Rolle spielten. Beide entwickelten ihre Methoden in bewußter Abkehr von der biographischen und der positivistisch-quellenkundlichen Richtung und suchten, über die Beschreibung von Kunstwerken hinaus, nach Erklärungszusammenhängen für die Kunst. Dehio findet sie, kurz gesagt, in den historischen Bedingungen, Riegl dagegen in einem überzeitlichen Faktor als Movens für die Kunst, dem Kunstwollen.
Und schließlich ist auch das fast gleichzeitig sich artikulierende Interesse an den Problemen der Denkmalpflege eine Gemeinsamkeit. Sieht man einmal von Riegls Alterswerttheorie und ihren weitreichenden Implikationen ab und betrachtet seine Darstellung der übrigen Denkmalwerte mit ihren Auswirkungen auf die Praxis, so läßt sich eine Reihe vergleichbarer Feststellungen und Einschätzungen bei beiden Autoren finden. Man kann vermuten, daß ihre Entscheidungen in der denkmalpflegerischen Praxis, der allerdings weder Dehio noch Riegl ausgesetzt waren, kaum unterschiedlich ausgefallen wären. Über die letzten Motivationen, besonders für Riegls Denkmaltheorie, lassen sich gesicherte Aussagen kaum treffen; die greifbaren, dargestellten Motive hingegen ähneln sich. Danach schreiben beide Autoren, um die Notwendig-

keit der Konservierung gegen die Restaurierung von Denkmälern zu propagieren. Beiden müssen sich die Zustände in der Denkmalpflege und in der als schutzwürdig angesehenen Denkmalwelt, die über den Inhalt der Kunstinventare weit hinausging, als nicht mehr haltbar dargestellt haben. Die Emphase ihrer Texte läßt daran keinen Zweifel. Zugleich aber geht es beiden Autoren auch um die Wahrnehmung und Wertschätzung anderer Denkmaleigenschaften, Eigenschaften, die an die Authentizität, an die unrestaurierte, unveränderte Originalsubstanz gebunden sind. Weder Dehio noch Riegl tolerieren daher Rekonstruktionsversuche am Original; sie ziehen ein Schutzdach dem restaurierenden Eingriff in die Substanz vor. Beide sprechen sich in Erweiterung des Originalitätsgedankens gegen das Herausreißen der Denkmäler aus ihrem ursprünglichen Zusammenhang, gegen das Einsperren ins Museum aus. Und beide sind davon überzeugt, daß der Erhaltungsgedanke gesellschaftlich akzeptiert und getragen werden müsse, um durchgesetzt werden zu können.

Schließlich zeichnen sich die beiden Programmatiken durch eine bestimmte theoretische Radikalität aus. Dehios Radikalität gipfelt in der Parole „konservieren, nicht restaurieren", deren Durchsetzung im weiteren Sinne sogar gesellschaftliche („sozialistische") Eigentumsbeschränkungen notwendig machen könnten. Riegl bezeichnet den Alterswert selber als „radikales Prinzip"; dessen letzte Konsequenz ist das tatenlose Verfallenlassen. Beide Prinzipien finden indes ihre Mäßigung: bei Dehio in der praktischen Flexibilität, bei Riegl in der Existenz anderer Denkmalwerte, die weniger radikale Konsequenzen als der Alterswert erfordern.

Die zitierten Gemeinsamkeiten, insbesondere das Eintreten für die Substanzerhaltung, bildet keineswegs einen unwichtigen Aspekt der jeweiligen Denkmaltheorie. Die Denkmalsubstanz ist vielmehr das eigentliche Zentrum beider Erhaltungstheorien; allerdings werden ihr völlig unterschiedliche Qualitäten zugeschrieben. Grundverschieden, bis zur expliziten Kontroverse, sind nicht nur die Methoden, mit denen der geschichtliche Verlauf systematisiert und interpretiert wird, kontrovers sind vor allem die jeweiligen Interessen an den Geschichtszeugen und damit an der Denkmalpflege als einer Instanz für deren Vermittlung. An diesem Punkt, an dem, historisch betrachtet, Riegls Alterswert auftaucht, um den historischen Wert abzulösen, beginnen die beiden Konzepte völlig verschiedene Wege einzuschlagen. Systematisch betrachtet freilich schon viel früher, dort nämlich, wo sich Dehio entscheidet, die gesamte Problematik pragmatisch abzuhandeln, während Riegl seine Hierarchie und Chronologie der Werte entwickelt, um den aktuellen Problemen beizukommen – und sei es nur theoretisch. Aber schließlich ist es die Theorie des Alterswertes mit ihren kultischen Aspekten, die Dehios Überzeugungen vom Sinn und von der Funktion der Geschichte vollständig zuwiderläuft.

Riegl ist es jedoch, dem die Abgrenzung zu Dehio offenbar äußerst wichtig ist. Erstaunlicherweise bezieht er sich aber in seiner Replik auf Dehios Straßburger Rede nur auf dessen Erhaltungsbegründung: „Wir konservieren ein Denkmal nicht, weil wir es für schön halten, sondern weil es ein Stück unseres nationalen Daseins ist." Riegl hält dagegen, daß das Denkmal „ein unentbehrliches Glied in der Entwicklungskette" der Geschichte sei. Damit kennzeichnet er den problematischen und folgenreichen Unterschied: abstraktes Glied einer abstrakten Entwicklungskette contra konkrete Geschichtsspur.

Die eingangs behauptete Ähnlichkeit in der Zielsetzung beider Programmschriften hatte unter dem Aspekt des historischen Wertes ihre volle Berechtigung. Unter dem Aspekt des Alterswertes indes, der für Riegl sowohl aus entwicklungstheoretischen als auch aus didaktischen Gründen eine hervorragende Rolle spielt, erfahren der Geschichtsprozeß und mit ihm die Denkmäler eine grundlegende Umwertung. Daraus begründet sich in erster Linie wohl die Fremdheit, um nicht zu sagen die Feindschaft zwischen Riegl und Dehio, die Riegl ja in *Neue Strömungen in der Denkmalpflege* theoretisch begründet. Eine gemeinsame Publikation, wie die hier vorliegende, hätten wohl beide Autoren abgelehnt.

3 Georg Dehio

Georg Dehio (geboren 1850 in Reval, gestorben 1932 in Tübingen) habilitierte sich im Fach Geschichtswissenschaften in München, von wo er 1883 nach Königsberg berufen wurde. Seitdem lehrte er, nach Reisen durch Italien, Frankreich und Deutschland, Kunstgeschichte. Von 1892 bis 1918 war er Professor in Straßburg, danach in Tübingen.

Wie in der Kunstgeschichte, so war die historische Betrachtungsweise auch in der Denkmalpflege für Dehio stets vorrangig. Für ihn war Denkmalpflege ein Teil der Geschichtswissenschaft und nicht, wie damals noch üblich, des architektonisch-künstlerischen Schaffens.

Mit seiner Mitgliedschaft in der 1898 gebildeten *Kommission für Denkmalpflege* im *Gesamtverein der Geschichts- und Altertumsvereine* ist Dehios Beschäftigung mit Fragen der Denkmalpflege belegt. 1899, noch vor dem Aufruf gegen die Wiederherstellung des Heidelberger Schlosses, hatte Dehio der Kommission seinen Vorschlag unterbreitet, ein „den ganzen deutschen Denkmälerschatz übersichtlich zusammenfassendes Handbuch" zu arbeiten. Das Werk sollte zugleich Reisehandbuch und Kurzinventar sein, Voraussetzung für die bessere Kenntnis der Denkmäler in der Bevölkerung. Das Projekt wurde vom kaiserlichen Dispositionsfonds bewilligt und als *Handbuch der deutschen Kunstdenkmäler*, kurz *Dehio* genannt, zwischen 1905 und 1912 in der ersten Auflage vorgelegt.

Als Gründungsmitglied war Dehio auf dem *Tag für Denkmalpflege* neben seinen Kollegen Paul Clemen und Cornelius Gurlitt aktiver und zuweilen unbequemer Teilnehmer der Tagungen. 1903 und 1904 referierte er über Berufsausbildung von Denkmalpflegern, 1911 problematisierte er das Verhältnis von Denkmalpflege und Museen.

Die beiden wichtigsten, hier abgedruckten Beiträge Dehios zur damaligen Diskussion erschienen in anderen Zusammenhängen. *Was wird aus dem Heidelberger Schloß werden?* entstand 1901 als separate Flugschrift. *Denkmalschutz und Denkmalpflege im 19. Jahrhundert*, die eigentliche Programmschrift zur modernen Denkmalpflege in Deutschland, wurde anläßlich eines Festaktes zum Geburtstag des Kaisers am 27. Januar 1905 in der Universität Straßburg vorgetragen – jener Text, auf den Alois Riegl noch im gleichen Jahr mit *Neue Strömungen in der Denkmalpflege* kritisch Bezug nahm.

Als Professor in Straßburg, dem Vorposten deutsch-nationaler Ideologie im besiegten Frankreich, war der zweiundvierzigjährige Dehio in einen Wirkungskreis von besonderer Art gestellt.

Die Gründung einer deutschen Universität (1872) im neuen Reichsgebiet wurde zum nationalen Anliegen erklärt und von Bismarck beschleunigt vorangetrieben. Als Konkurrenzunternehmen zur neugegründeten Akademie von Nancy trug sie nicht nur den Namen Kaiser Wilhelms, ihr wurden als „erster Reichsuniversität" auch besondere Reichsmittel zur Verfügung gestellt. Einer Forderung des nationalistischen Historikers Heinrich von Treitschke entsprechend sollte sie als „Grenze nach Westen" neue Aufgaben in der Pflege und Verbreitung deutscher Kultur und Wissenschaft übernehmen.

Das Bewußtsein von der Besonderheit dieser Situation muß unter den damaligen Zeitumständen wohl vorausgesetzt werden – zumal bei der ersten, ‚handverlesenen' Professorengeneration. Wie weit auch die zweite – Dehios – Generation noch auf die Gründungsideale verpflichtet wurde, ist schwer zu sagen. Zweifellos aber spielten Reichsgründung, Nationalgedanke und Eliteuniversität im Hochschulklima weiterhin eine Rolle. Der Historiker Friedrich Meinecke, der gleichzeitig mit Dehio zwischen 1901 und 1906 in Straßburg war, berichtet von einem „leidenschaftlichen Humanismus der Reichs-

gründungszeit". Er schreibt: „Es galt der Grundsatz unter uns, deutsche Wissenschaft nicht propagandistisch anzupreisen, sondern durch ein ruhiges Tun zu bewähren und Samen auszustreuen, wohin er auch fiele, ob auf guten oder steinigen Boden."[5]
Trotz eines in bestimmten Zusammenhängen nicht zu überhörenden nationalen Pathos in seinen Schriften hat das Straßburger Klima Dehio nicht zu einer Unterordnung seiner Arbeitsmethoden und -ergebnisse unter politische Zielsetzungen verleitet. Aus seiner Stellungnahme gegen den Wiederaufbau des Heidelberger Schlosses wird bereits ersichtlich, daß Dehio weder sein Kritikvermögen noch seine Fähigkeit zu differenzieren nationalistischen Interessen opferte. Denn was hätte in den Augen eines überzeugten Patrioten näher gelegen, als sich nach dem Sieg über Frankreich den Befürwortern der Wiederherstellung des vom „Erbfeind" einst zerstörten Schlosses anzuschließen?
Der unter Kurfürst Otto Heinrich von der Pfalz 1556 im Stil der Spätrenaissance errichtete Schloßflügel, der sogenannte Ottheinrichsbau, wurde 1689 und 1893 durch Truppen Ludwig XIV. zerstört. Auch die später, unter Kurfürst Karl Philipp ausgeführte neue Bedachung wurde 1764 bis auf die Giebelansätze durch Feuer vernichtet. Seitdem galt das ruinöse Schloß deutschen Patrioten als Sinnbild deutscher Niederlage. Nach dem deutsch-französischen Krieg war von Tilgung der Schande durch Wiederaufbau die Rede, und dieser wurde sowohl von der badischen Regierung, vertreten durch ihren Finanzminister Buchenberger, als auch von Preußen und von Architekten der Historischen Schule betrieben. Im Unterschied zu den anderen deutschen Nationaldenkmälern Marienburg oder Kölner Dom, mit deren Bedeutung es sich durchaus messen konnte, wurde das Heidelberger Schloß schließlich nicht wiederhergestellt. Die ablehnende Haltung einiger Gutachter, die von Dehio entfachte Kampagne und nicht zuletzt freilich auch Buchenbergers Tod (1904) haben zusammen bewirkt, daß das Heidelberger Schloß zur kunsthistorisch bedeutendsten deutschen Ruine wurde.
Zugleich steht das Schloß wie kein anderes Bauwerk für die kontroversen Auffassungen von Denkmalpflege, die sich während des 19. Jahrhunderts herausgebildet hatten und nun exemplarisch in der sogenannten Schloßdebatte öffentlich ausgetragen wurden.
Mit dem Anspruch, die Hintergründe und Folgen des Wiederaufbauprojektes der Architekten Karl Schäfer aufzuklären, wendet sich Dehio mit seiner Flugschrift direkt an die Öffentlichkeit als „ideellen Mitbesitzer" des Heidelberger Schlosses. In dem geistreichen Pamphlet argumentiert Dehio geschickt auf einer verschiedene Aspekte des Entwurfs kritisch beleuchtenden, konkreten,

und einer allgemeineren, denkmaltheoretisch-grundsätzlichen Ebene. Wichtigster Einwand ist für Dehio, daß sich Schäfers Plan weder durch Baubefunde noch durch die Quellenlage ausreichend legitimieren lasse: „Das relativ Wahrscheinlichere", meint Dehio, „ist, daß er (der Schloßbau, M. W.) anders ausgesehen hat als auf Schäfers Projekt." Dieses Argument, das die quellenkritische Arbeit für den Denkmalpfleger vor jeder Beschäftigung mit einem baulichen Eingriff zur Voraussetzung macht, wird durch technische, stilkritische und ästhetische Einwände unterstützt.

Aber auch jedes andersgeartete Rekonstruktionsprojekt wäre vermutlich auf Dehios Widerstand gestoßen, denn von seiner ganzen baulichen wie historischen Situation war der Bau „ein typisches Beispiel für jene Fälle, in denen eine über die Erhaltungsarbeiten hinausgehende Restauration *nicht* statthaft sei".

Nicht Ruinenromantik, wie manche Kritiker meinen, steht hinter dieser Haltung Dehios, sondern die Priorität des historischen Dokuments, das im Fall des Heidelberger Schlosses als Fragment überliefert worden ist. Hieraus leitet sich der strenge Erhaltungsgrundsatz ab: „Nach langen Erfahrungen und schweren Mißgriffen ist die Denkmalpflege nun zu dem Grundsatze gelangt, den sie nie mehr verlassen kann: erhalten und nur erhalten; ergänzen erst dann, wenn die Erhaltung materiell unmöglich geworden ist; Untergegangenes wiederherstellen nur unter ganz bestimmten, beschränkten Bedingungen." Zu diesen Ausnahmen gehörte der Ottheinrichsbau nicht; der weniger zerstörte, von Schäfer bereits wiederhergestellte Friedrichsbau hingegen wird von Dehio zwar kritisiert, nicht aber grundsätzlich zurückgewiesen. Nicht einmal John Ruskin, der Begründer der „antirestoration", als deren Anhänger Dehio sich hier selber bezeichnet, hatte dem Verfall von Bauwerken tatenlos zusehen wollen. Schutz- und Pflegemaßnahmen hielt auch er für sinnvoll, die Rekonstruktion verfallener oder zerstörter Bauten oder Bauteile jedoch lehnte er strikt ab.

Eine der von Dehio erwähnten Ausnahmen war die durch Brand zerstörte Sankt Michaelis-Kirche in Hamburg; Dehio plädierte auf dem *Tag für Denkmalpflege* dafür, den Wunsch der Kirchengemeinde nach Wiedererrichtung dieses Hamburger Wahrzeichens zu respektieren. Unter ausdrücklicher Betonung seines Grundsatzes, an dem er unverändert festhielt, ließ er in diesem Fall der psychologischen Motivation den Vortritt vor der denkmalpflegerischen Entscheidung. Obwohl Dehio einer der konsequentesten Vertreter der erhaltenden Denkmalpflege war, steht diese Flexibilität im einzelnen nicht im Widerspruch zu seiner sonstigen Haltung. Von ihm kommt immer wieder auch die Empfehlung, bei der Ausführung der aufgestellten Regeln „nach dem Geiste und nicht nach dem Buchstaben" zu verfahren.

Kürze erstaunlich komplexe Darstellung der Probleme, die verständlich und differenziert zugleich vorgetragen wird.
Anders als Riegl erhebt Dehio mit seiner Schrift nicht den Anspruch, eine Denkmaltheorie zu formulieren. Die Programmatik hat jedoch insofern Theoriecharakter, als hier alle wesentlichen Aspekte zur Sprache kommen: die Anfänge der Denkmalpflege, ihr Verlauf im 19. Jahrhundert mit den Abwegen des Restaurierungswesens, Rechts-, Organisations- und Ausbildungsfragen, Denkmäler in Privatbesitz, die Umgebung des Denkmals und die Ensemblewirkung, das Verhältnis von zeitgenössischem Bauen und Denkmalpflege, Bewertungsfragen, das historische Verständnis und die Stimmungswirkung beim Betrachter. So verwundert es nicht, daß darin auch die ethische Motivation nicht fehlt: „Ohne Sentimentalität, ohne Pedanterie, ohne romantische Willkür wollen wir Denkmalpflege üben als eine selbstverständliche und natürliche Äußerung der Selbstachtung, als Anerkennung des Rechtes der Toten zum Besten der Lebendigen."
Im Zentrum von Dehios Argumentation steht das Denkmal in seiner „aus ästhetischen und historischen Merkmalen" gemischten Doppelnatur. Erst die historische Dimension indes, die mit dem Historismus „entdeckt" wurde, konnte die noch gültige Voraussetzung für die theoretische Gleichwertigkeit und Schutzwürdigkeit der Denkmäler aller Epochen sein. „Letzter Beweggrund" der Denkmalpflege des 19. Jahrhunderts, so Dehio, „ist die Achtung vor der historischen Existenz als solcher." Damit war die theoretische Grundlage für ein modernes Denkmalverständnis und einen zuverlässigen Denkmalschutz geschaffen; in der Praxis des Restaurierungswesens jedoch war die „Achtung vor der historischen Existenz als solcher" nicht eingelöst worden. Folgt man Dehio, so hatte sich das historische Bewußtsein auf die Wissenschaften anders ausgewirkt als auf die denkmalpflegerische Praxis. Sie stand noch ganz im Dienst der Baukunst, anstatt ihre eigenen Aufgaben zu definieren und zu erfüllen. Insofern, so Dehios Gedankengang, hatte zu Beginn des 20. Jahrhunderts die praktische Denkmalpflege ihre durch die Geschichte formulierte, moderne Funktion erst noch wahrzunehmen.
Unter den Ursachen, die sich für Zerstörungen an Denkmälern bestimmen lassen, spielten die Restaurierungspraktiken eine nicht unmaßgebliche Rolle. Während Dehio für die „Verfeinerung des historischen Sensoriums" die Geschichtswissenschaft für zuständig erklärt und für die Abwehr der bewußten Zerstörung durch den Menschen einen „planmäßig und gesellschaftlich geübten Schutz" propagiert, ist er auch davon überzeugt, daß der Rückstand in der Denkmalpflegepraxis durch gezielte Ausbildung der Praktiker aufgehoben werden könne.

Während Dehio weitgehend praktische Maßnahmen zur Erreichung eines wirksameren Denkmalschutzes vorschlägt, geht Riegl einen völlig anderen Weg. Für Riegl, so scheint es, ist das mangelhafte Verständnis für einen angemessenen Umgang mit Denkmälern Beweis genug für eine lückenhafte oder überholte Theorie. Beide Autoren machen ihr Denkmalverständnis, ihren Denkmalbegriff, „ihre" gesellschaftliche Erhaltungsmotivation zum Zentrum ihrer Gedankengebäude, verbinden mit diesen Begriffen jedoch völlig Verschiedenes.

Für Dehio beginnt mit dem „historischen Geiste" im 19. Jahrhundert ein nie vollendeter Prozeß der Objektivierung im Verhältnis zur Vergangenheit (Vergeschichtlichung), dem sich nur die Restaurierungspraxis noch verweigere. Für Riegl ist zwar das 19. Jahrhundert gleichfalls „das historische", es stellt sich ihm jedoch als konsistent und abgeschlossen dar. Die Jahrhundertwende markiert den Bruch zwischen der objektiven, vom historischen Wert dominierten und der subjektiven, vom Alterswert beherrschten Epoche. Riegl interpretiert die Entwicklung damit genau umgekehrt.

Aufschlußreicher als die Frage nach der tatsächlichen Verteilung subjektiver und objektiver Faktoren dürfte für uns die Frage nach den Folgen der jeweiligen Theorie für die Praxis sein.

Für Dehio bedeutet Objektivierung im Verhältnis zu den Denkmälern der Vergangenheit eine Zunahme an Aufklärung, Verständnis und Wissen und birgt damit die Chance für einen wirksamen Denkmalschutz: Wissen als Voraussetzung für Erhaltung. Mit dieser Position richtet sich Dehio zweifellos an die mindestens durchschnittlich gebildeten, denkenden Zeitgenossen: die Lesenden, Reisenden, Wißbegierigen, Schauenden, die für Eindrücke, aber auch für Information und Unterweisung offen sind. Riegl dagegen zielt mit seiner Alterswerttheorie bewußt auf eine andere Rezipientenschicht; dem Alterswert angemessen ist nicht die kritische Aneignung, sondern die kontemplative, passive Haltung dessen, der eher „Genuß" sucht als Aufklärung über Geschichte und Vergangenheit. In diesem individuellen, subjektiven Zugang sieht Riegl die Chance einer großen, globalen Verbreitung des Denkmalverständnisses begründet.

Die Auswirkungen beider Theorien auf eine veränderte gesellschaftliche Praxis sind vermutlich geringer zu veranschlagen als auf die fachinterne Diskussion. Das allerdings ist nur zum geringsten Teil auf die Untauglichkeit dieser oder jener Theorie zurückzuführen, wenngleich Dehios Überlegungen weit mehr praxisorientiert sind als diejenigen Riegls. Das Scheitern umfassender Schutzvorstellungen läßt sich zum größeren Teil auf die herrschenden gesellschaftlichen Wertvorstellungen zurückführen, in denen die Vermittlung von Geschichte als komplexen Geschehens – zumal durch die Erhaltung wichtiger Spuren und Gegenstände – keine Chance hat. Eine von Wirtschaftsinteressen, Wachstum und Profit bestimmte Gesellschaft, das hatte Dehio bereits 1905 gesehen, wird den für notwendig erachteten Schutz des historischen Erbes nur dort und nur so lange gewährleisten, wie er sich mit diesen Interessen in Einklang bringen läßt.

Für das Verständnis und die Diskussion innerhalb der Denkmalpflege hat Dehio einen entscheidenden Modernisierungsbeitrag geleistet. Obwohl Nicht-Praktiker, war seine Beschäftigung mit Denkmalpflege praxisorientiert und sachkundig. In seinen Beiträgen befaßte er sich, wenn auch nicht ausschließlich, entweder mit konkreten Objekten (Heidelberger Schloß, St. Michaelis) oder mit praktischen Fragen (Ausbildung, Museum). Er betrachtete ein Problem nie isoliert, sondern immer in einem komplexeren Zusammenhang. Anders als viele seiner Kollegen beschränkte sich Dehios Verständnis von den Aufgaben der Denkmalpflege nicht auf die Stilwahl beim Restaurieren; vielmehr äußerte er sich darüber hinaus kompetent zu juristischen, organisatorischen und beruflichen Problemen.

Dehios bedeutender Beitrag für die Denkmalpflege besteht vor allem in seinem konsequenten Eintreten für das originale, authentische Werk, wie es als Produkt der Geschichte vor uns steht. Doch der dokumentarische Charakter des Denkmals liefert zwar die wichtigste, nicht aber die einzige Erhaltungsmotivation. Aufgrund seiner Vergangenheit hat das Denkmal eine weitere Dimension, die sich weniger mit wissenschaftlichen Methoden als mit psychologischen Kategorien erfassen läßt. Das ist die Wirkungs- und Erlebnisdimension eines alten Gebäudes, die Dehio beim Heidelberger Schloß mehr beschreibt als bestimmt: „... dies wunderbare Ganze, aus Vergänglichkeit und Ewigkeit, aus Kunst, Natur und Geschichte zu einem Eindruck zusammengewoben, wie ihn niemals menschlicher Verstand allein, auch nicht des größten Künstlers, hätte hervorrufen können ...".

In seinem Vortrag von 1905 faßt er diesen Aspekt, möglicherweise als kritische Reaktion auf Riegls extensive Beschäftigung mit dem Alterswert, etwas knapper: „Und schlimmer noch als der Untergang der einzelnen Stücke ist der Verlust an Lebenswärme, an historischer und künstlerischer Gesamtstimmung, an jener Vornehmheit, die nur das Alter hat." Diese emotionale oder psychologische Dimension in Dehios Denken wird bei Riegl zur zentralen Kategorie seiner Alterswerttheorie. Noch heute wird darüber diskutiert, ob sie in der Festlegung der Denkmaleigenschaft berücksichtigt werden könne oder nicht.

Gemeinsam mit Paul Clemen ist es Dehio zu verdanken, die Ideen John Ruskins unter deutschen Kunsthistorikern und Denkmalpflegern verbreitet zu haben. Clemen berichtete mehrfach, besonders im Nachruf von 1900, über Ruskins Werk.[7] Bei Dehio fällt der Name Ruskin zwar nicht, in der von Dehio überlieferten Parole „konserverien, nicht restaurieren", die auf Ruskin zurückgeht, und in den mit ihr zusammenhängenden Gedanken ist Ruskin jedoch präsent. Dehio, so scheint es, ist etwa fünf Jahrzehnte nach Ruskins Initiative der Entwurf für eine Versöhnung von Theorie und Praxis in der Denkmalpflege gelungen. Trotz unverrückbarer Grundüberzeugungen wurde er durch seinen Praxisbezug davor bewahrt, zum Dogmatiker zu werden. Dehios konsequentes Eintreten für substanzerhaltende Denkmalpflege trübte indessen nicht seinen Blick für die Erfordernisse der zeitgenössischen Architektur – eine Eigenschaft, die ihn mit Kollegen wie Gurlitt, Hager und Lange und mit fortschrittlichen Architekten durchaus verbindet. Wie viele seiner Zeitgenossen führte auch Dehio die exzessiven Restaurierungspraktiken, Stilreinigung und Stilverbesserung, auf das Fehlen eines zeitgemäßen Baustils zurück, und in der Tat ließen sich ja historistische Bauten von „restaurierten" Bauten oft nur schwer unterscheiden. Mit derselben Überzeugung, mit der Dehio sich für die Abstinenz künstlerischer „Eigenleistungen" beim Restaurieren einsetzt, tritt er auch für zeitgenössische Bauformen bei Neubauten ein. Er wendet sich entschieden gegen die zur Jahrhundertwende beliebte Spielart der Anpassungsarchitektur, wie sie sich etwa in den Fassadenwettbewerben artikuliert: „Es kommt gar nicht darauf an, bei Neubauten in altertümlicher Umgebung das zu wahren, was die Leute ‚Stil' nennen und was in der Regel nichts ist als eine künstliche, unwahre Altertümelei: sondern allein darauf, in den Massenverhältnissen und in der künstlerischen Gesamthaltung sich dem überlieferten Straßenbilde anzupassen, was ganz wohl auch in modernen Formen geschehen kann." Dahinter steht die Hoffnung, daß die Wege einer selbstbewußten, modernen Architektur und einer wissenschaftlich begründeten Denkmalpflege sich zum Nutzen beider trennen mögen.

Vom weitverbreiteten *Handbuch der deutschen Kunstdenkmäler* abgesehen, scheint Dehio nach dem Krieg kaum noch Leser gefunden zu haben. Über seinen umfangreichen kunsthistorischen, aber auch über seinen denkmalpflegerischen Schriften lastet offenbar der Ideologieverdacht – ausgesprochen, wie bei Bentmann[8], oder auch nicht.

Nicht unwesentlichen Anteil an dem Verdikt dürfte die Nachrufliteratur haben, der es 1932 darauf ankam, einseitig Dehios Verdienste für die deutsche Kunst herauszustreichen. Diese oft auf zweifelhaftem Niveau sich bewegenden Beiträge reduzieren Dehio gegen dessen wissenschaftliche Praxis auf „völkisches" Gedankengut. In der Regel fehlt dabei nicht das zumeist verkürzt wiedergegebene Zitat aus dem Vorwort der 1918 erschienenen *Geschichte der deutschen Kunst*; darin ist zu lesen: „Aus der allgemeinen Kunstgeschichte diejenige eines einzelnen Volkes herauszuheben, ist ein Unternehmen, das sich aus dem Wesen der Kunst nicht begründen läßt. Es ist deshalb auch in sehr bestimmter Weise nicht meine Absicht, wenigstens nicht die unmittelbare, über dieses Wesen zu belehren; sie liegt an einem ganz andern Ende: mein wahrer Held ist das deutsche Volk. Ich gebe deutsche Geschichte im Spiegel der Kunst, in diesem Selbstbekenntnis des deutschen Innenlebens, das über bestimmte Seiten desselben mehr und deutlicher auszusagen hat als irgendeine andere „Quelle".[9]

Die Kombination von deutschem Volk und wahrem Helden muß um so kritischer gelesen werden, als wir heute deren Funktionalisierung in der Sprache der Nationalsozialisten und die politischen Folgen kennen. Für Dehio aber, das läßt sich meines Erachtens durch weitere Lektüre belegen, steht dieses Zitat (wiewohl aus dem Jahre 1918) weniger im Zusammenhang tatsächlicher Heldenverehrung als im Kontext zeitgenössischer Methodendiskussion in der Kunstgeschichte. Gegen die damals beliebte Künstlerbiographie (Held) aber auch gegen andere, auf Teilaspekte der Kunst bezogene Ansätze in der Kunstgeschichte, so auch Heinrich Wölfflins Formengeschichte, setzt der Historiker Dehio, hierin Jakob Burckhardt vergleichbar, auf die Erklärung der Kunst aus Kultur und Geschichte. Dieser Ansatz wird ausführlich in dem 1907 erschienenen Aufsatz *Deutsche Kunstgeschichte und deutsche Geschichte* dargelegt.[10]

Nicht nur Dehios langjähriger Mitstreiter Paul Clemen, in seiner Altersschrift *Die deutsche Kunst und die Denkmalpflege* auch nicht ganz frei von nationalem Pathos, bescheinigt Dehio in seinem Nachruf von 1932 immerhin, daß er in seinem kulturhistorisch bedeutsamen Werk ohne „Deutschtümelei und Chauvinismus" auskomme; auch der französische Kunstsoziologe Pierre Francastel bemerkt in seiner 1940 erschienen Untersuchung über die Propaganda in der deutschen Kunstgeschichtsschreibung, daß Dehio über seine Vaterlandsliebe nie die Notwendigkeit von Faktengenauigkeit (respecter les faits) und den Respekt vor der Wahrheit (respect de la vérité) vergessen habe.[11] Auf die dringende Notwendigkeit der „Wiederentdeckung Dehios als eines der bedeutendsten deutschen Kunsthistoriker" wurde von Huse erst kürzlich hingewiesen.[12] Es müßte inzwischen wieder möglich sein, das Werk kritisch zu lesen, d. h. auch Sprache und Inhalt einander zu konfrontieren, um zwischen mehr oder weniger verdächtigen Aussagen und einem insgesamt kritischen Gehalt zu unterscheiden.

4 Alois Riegl

Alois Riegl (geboren 1858 in Linz, gestorben 1905 in Wien) studierte Jura, Philosophie und Geschichte, später Kunstgeschichte. Seit 1883 war er am Wiener Institut für österreichische Geschichtsforschung, von 1886 Mitarbeiter, dann Leiter der Abteilung für textile Kunst im österreichischen Museum für Kunst und Industrie, seit 1895 Professor für Kunstgeschichte an der Universität Wien. Zwischen 1900 und 1903 übernahm Riegl das Generalkonservatorium der *K. k. Zentralkommission für die Erforschung und Erhaltung der Kunst- und historischen Denkmale*, das er bis zu seinem Tod im Juni 1905 innehatte.

Der Wiener Kunsthistoriker Alois Riegl steht, anders als Dehio, für die Vielfalt, aber auch für die Problematik der Kunstgeschichte der Jahrhundertwende, die zwischen Historismus und Moderne das Bemühen widerspiegelt, neben den exakten Naturwissenschaften als autonome Wissenschaft anerkannt zu werden. An diesem Prozeß zwischen 1885 und 1905, den Sauerländer als „tiefe Zäsur in der Geschichte der Kunstgeschichte" bezeichnet, hatten die Wiener Schule der Kunstgeschichte und Alois Riegl, als einer ihrer wichtigsten Theoretiker, wesentlichen Anteil.

Nicht nur Riegls wissenschaftliche und berufliche Laufbahn ist gekennzeichnet durch thematische und methodische Vielseitigkeit, die seine Biographen vor einige Probleme stellt; auch die verschiedenen geistigen Querverbindungen des „unablässig an sich modelnden Autodidakten"[13] sind schwer zu rekonstruieren. „Ohne umfangreiche Vorstudien", so schreibt Sauerländer, „welche weit in die Wissenschaftsgeschichte des vorigen Jahrhunderts ausgreifen müßten, in die Geschichtsphilosophie wie in die Geschichte der Ästhetik und der Psychologie, ist eine einigermaßen abschließende historische Behandlung des ‚Problems' Riegl nicht möglich. Was hier vorgetragen wird, kann daher nicht mehr als eine vielfach nur assoziierende Skizze sein."[14] Dies gilt aber nicht nur für Riegls kunsthistorische Schriften, sondern ebenso für seinen modernen Denkmalkultus.

Auch über die soeben genannten Probleme hinaus ist es keineswegs einfach, diesen im Erstdruck knapp fünfzig Seiten starken Text angemessen und kritisch zu würdigen, denn er stellt ungewohnte Anforderungen an die Leser. Diese Schwierigkeiten liegen auf den verschiedenen Ebenen der strengen, doch nur scheinbaren Systematik der Denkmalwerte, der teilweise eigenwilligen Terminologie, besonders aber der hinter allem stehenden Geschichtsphilosophie Riegls, nach welcher die Geschichte sich nach denselben Gesetzmäßigkeiten wie die Natur vollziehe.

In der Regel lassen sich Riegl-Interpreten auch nicht auf die komplizierten Zusammenhänge in diesem streckenweise unwegsamen Text ein; viele Autoren adaptieren zwar den Begriff „Alterswert", interpretieren ihn aber für ihre eigene Aussage neu. Riegls historische Erklärung, bzw. Begründung, wird zumeist genausowenig übernommen wie seine Schlußfolgerungen.

Dem Anspruch nach ist Riegls Abhandlung über den Denkmalkultus der erste großangelegte Versuch, sich den Problemen der Denkmalpflege nicht von der praktisch-kritischen, sondern von der theoretisch-systematischen Seite her zu nähern. Riegl verbindet diesen Anspruch hier mit seinem Auftrag für eine Vorstudie zum österreichischen Denkmalschutzgesetz. Vielleicht sind die Hermetik des Textes und verschiedene inhaltliche Widersprüche auf diese beiden sehr unterschiedlichen Aufgaben zurückzuführen. Jedenfalls versucht Riegl als erster, bis dahin vereinzelt artikulierte Ideen in ein geschichtstheoretisches Modell einzufügen und die einzelnen Aspekte darin entsprechend neu zu bewerten.

Riegl strukturiert den Prozeß der Geschichte zeitlich wie begrifflich so, daß sich für die Gegenwart ein „zwangsläufiges" Denkmalverständnis und Denkmalverhalten ergibt. Nicht er, Riegl als Generalkonservator, ruft kraft seiner Einsichten die Zeitgenossen zum Umdenken auf, die als geradlinig und eindeutig dargestellte historische Entwicklung erfordert dies! Schachzug oder Überzeugung? Die Frage, ob in dieser Art zu argumentieren eher Riegls geschichtsphilosophische Überzeugung oder seine taktischen Absichten für die Durchsetzung des Gesetzes durchscheinen, läßt sich endgültig kaum beantworten; beide spielen für Riegl gewiß eine Rolle und verstärken sich in dieser Schrift gegenseitig.

Nachdem Dehios Straßburger Rede eingangs als Entwurf charakterisiert wurde, Theorie und Praxis der Denkmalpflege zugunsten eines wirksameren Denkmalschutzes miteinander zu versöhnen, kann Riegls Beitrag als Entwurf einer Umwertung im Denkmalverständnis angesehen werden, die auf umfassende gesellschaftliche Akzeptanz abzielt.

Trotz seines Auftrages kann *Der moderne Denkmalskultus. Sein Wesen und seine Entstehung* von 1903 nicht als Erläuterungstext zum Gesetzentwurf von 1898 gelesen werden. Dafür ist der Text nicht konkret genug. Es geht um Denkmalwerte und um das Verhältnis bzw. das Verhalten der Denkmalpflege zu diesen Werten. Da diese Werte aber abstrakt bleiben und sich nicht etwa auf verschiedene Denkmalgattungen verteilen, sondern in geringerer oder höherer Dichte an den Denkmälern in Erscheinung treten, kann auch das Verhalten der Denkmalpflege nur theoretisch behandelt werden. Denkmalwerte spielten in der Diskussion unter Denkmalpflegern vor Riegl kaum eine

Rolle. Es ist Riegls „grundlegende Erkenntnis" (Huse), daß die Denkmaleigenschaft nicht von vornherein existiert, sondern in der gesellschaftlichen Rezeption bestimmt wird. Analog zu Bewertungen in der Kunst konstatiert Riegl: „... nicht den Werken selbst kraft ihrer ursprünglichen Bestimmung kommt Sinn und Bedeutung von Denkmalen zu, sondern wir modernen Subjekte sind es, die ihnen dieselben unterlegen." Dieser Auswahlprozeß ist bei Riegl allerdings einer strengen geschichtlichen Gesetzmäßigkeit unterworfen, die im Fall der von ihm sogenannten „Erinnerungswerte" als „zunehmende Verallgemeinerung des Denkmalbegriffes" wirksam geworden ist. Trotz ausführlicher, manchmal spitzfindiger Definitionen und Erklärungen der verschiedenen Denkmalwerte bleiben doch viele Fragen offen. So gibt es beispielsweise widersprüchliche Aussagen darüber, ob die nacheinander „entstandenen" Denkmalwerte nun simultan am Denkmal existieren, oder ob der je früher entwickelte vom je späteren abgelöst wird. In seiner Alterswert-Theorie neigt Riegl zur zweiten der beiden Möglichkeiten, während er sich sonst eher zur ersteren bekennt.

Die Vielzahl von Denkmalwerten, Riegl nennt mindestens ein Dutzend, spiegelt offenbar die Vielfalt der Denkmalwelt; und das Ordnungssystem, das keiner bis dahin üblichen Einteilung der Denkmäler entspricht, reflektiert das Bedürfnis nach Orientierung in dieser Vielfalt. In dieser schon fast zwanghaften Ordnungsliebe drückt sich eine um die Jahrhundertwende bei Wissenschaftlern und Künstlern gleichermaßen anzutreffende Neigung aus, geschichtliche Phänomene analog zu natürlichen Prozessen zu systematisieren. „Wollte man diesen unsicheren, schwankenden Wirklichkeitsbestand nicht als sinnloses Chaos deuten", meint Werner Hofmann, „so mußte sich früher oder später die Vorstellung durchsetzen, daß er von gesetzmäßiger Gliederung erfüllt sei. (...),Die Welt als sinnvoll gegliederter Stufenkosmos, als eine schier unendlich sich entfaltende Folge gesetzmäßiger Bildungen, – das ist der neue bildnerische Auftrag an den Künstler unserer Epoche.'"[15]

Der scheinbaren formalen Logik zum Trotz will es Riegl nicht gelingen, die Denkmalwerte und die Anforderungen der Denkmalpflege auch nur theoretisch miteinander in Übereinstimmung zu bringen. Ein tiefer Graben zwischen dem Alterswert mit seinem Totalitätsanspruch und den anderen, weniger anspruchsvollen Denkmalwerten ist nicht zu übersehen. Er läßt sich durch Riegls beschwichtigenden Hinweis auf die noch im Kampf befindliche Umbruchzeit nicht überbrücken. Im zweiten der drei Teile umfassenden Abhandlung muß der „modernste" und „auf die großen Massen wirkende" Alterswert gleichsam unter dem Druck der praktischen Anforderungen regelrecht demontiert werden. Zugleich werden sodann der historische Wert und eine, mit Dehios Forderungen durchaus vergleichbare Denkmalpflege wieder eingesetzt, die die traditionellen Denkmäler substanzschonend instandhält, um sie vor Verfall und Zerstörung zu bewahren. Schließlich fragt man sich angesichts dieses Rückzuges aus avancierter Position, ob es für den Kunsthistoriker Alois Riegl überhaupt vorstellbar, geschweige denn wünschbar gewesen wäre, daß sich das gesellschaftliche Denkmalverständnis im Sinn des Alterswertes veränderte.

Allem Anschein nach erfüllt aber der Alterswert so wichtige Funktionen, daß Riegl trotz offenkundiger Einbußen an ihm festhält. Zum einen übernimmt der Alterswert in dieser Schrift die taktische Funktion der Gegenposition („Gegner") zum offenkundig denkmalfeindlichen Neuheitswert. Wo zwei sich streiten, freut sich der Dritte – und der historische Wert bietet sich als Vermittlung gleichsam von selbst an. Weiter ist der Alterswert für Riegl die Instanz, von der aus die Restaurierungspraktiken des 19. Jahrhunderts kritisiert werden können. Während andere Autoren die Einmaligkeit des Originals, die künstlerischen und handwerklichen Spuren ins Feld führen, sprechen für Riegl die viel allgemeineren Anforderungen des Alterswertes gegen diese Praktiken. Schließlich erweist sich der Alterswert, der letzten Endes für eine erhöhte Sensibilität gegenüber den Altersspuren steht, noch als nützlich für einen ganzen Denkmälerbereich, der schon immer stark gefährdet war: die Denkmäler ohne Nutzung. „Nur die gebrauchsunfähigen Werke vermögen wir vollständig unbeirrt durch den Gebrauchswert rein vom Standpunkte des Alterswertes zu betrachten und zu genießen..." Eine interessante Alternative zur allgemein vertretenen Ansicht, der zufolge ungenutzte Denkmäler, von wenigen Ausnahmen abgesehen, ihr Daseinsrecht verloren haben. Für den anfänglichen Siegeszug des Alterswertes allerdings ist der Rückzug auf diesen Denkmälerbereich eine starke Einschränkung.

Die zentrale Stellung, die der Alterswert in dieser Schrift behauptet, hängt aber besonders mit der Bedeutung zusammen, die Riegl ihm unterlegt. Danach ist der Alterswert nicht einfach ein zusätzlicher Wert oder eine neue Dimension des Denkmals; er bezeichnet eine völlig neue Qualität im Verhältnis des Menschen zum Artefakt, die alle bisherigen Verhältnisse theoretisch für obsolet erklärt. In letzter Konsequenz ist es der Ruinenkult, in dem sich für den damals schon schwer kranken Riegl die Vision einer Endzeit eröffnet, die die vollständige Harmonie von Mensch und Natur, von Menschenwerk und Naturwerk verspricht.

Alterswert und Denkmalkult

Mit der „Entdeckung" des Alterswertes, d. h. mit der Wertschätzung von Altersspuren, von Patina als wesentlicher Dimension des Denkmals, hat Riegl einen Aspekt in den Mittelpunkt seiner theoretischen Abhandlung gerückt, der bis dahin vergleichsweise selten thematisiert worden war. Ganz neu indessen war dieses Thema damals nicht, aber es war vermutlich Riegls ausführliche Beschäftigung mit dem Begriff, die die Nachwelt veranlaßte, ihn für die folgenreiche Erweiterung des Denkmalbegriffs verantwortlich zu machen. Bis dahin war die Beobachtung einer spezifischen Qualität eher beiläufig und zaghaft vorgetragen worden. So war in der *Deutschen Bauzeitung* 1878 die Forderung nach „sorgfältigster Wahrung des Hauchs des Alterthums" bei Restaurierungen zu lesen.[16] 1885 erging von Konservator Spieker an Architekten die Mahnung nach „Rücksichtnahme auf den geschichtlichen Bestand" beim Restaurieren. Begründung war aber nicht die dokumentarische Echtheit, sondern der „poetische Hauch, der das alte Bauwerk durchweht" und der sonst unwiederbringlich verloren sei.[17] Auch Dehio erklärt 1901 die Spuren des Alters beim Heidelberger Schloß für einen erhaltenswürdigen Teil des Denkmals.

Es scheint, als wenn sich gegen Ende des vorigen Jahrhunderts die Fähigkeit entwickelt hätte, bzw. zu artikulieren begann, zwischen alt Erscheinendem und wirklich Altem zu differenzieren. Offenbar erkannte man, daß historische Formen und Oberflächen nicht dadurch vor der endgültigen Zerstörung zu retten waren, daß man sie laufend durch neue ersetzte. Bei Riegl wie auch bei anderen Autoren führte diese Einsicht zur Abkehr von den historistischen Idealen der Stileinheit und Stilreinheit, und vielleicht hatte überhaupt die „Erneuerungswut" des Historismus sie alle erst für die Qualitäten wirklich alter Bauten sensibilisiert. Die Feststellung aber, daß Altersspuren eine besondere und faszinierende Wirkung auf den Betrachter ausüben können, ist heute, wo die Neuauflage altstadtgerechter „Scheinaltertümer" (Dehio) uns offenbar die Städte unserer Kindheit und unserer Vorfahren vergessen lassen soll, noch immer von allergrößter Bedeutung: Die Kluft zwischen wenigen Spezialisten, die in der Lage sind, historische Putze aufgrund des Kellenstrichs zu datieren, und der großen Mehrheit derer, die Holzfenster nicht von einem Plastikfenster unterscheiden, wird immer größer.

Die Differenz zu Riegl besteht demnach weniger in der Beschreibung des Phänomens als in seiner Interpretation.

Für Riegl sind Altersspuren nicht nur der materielle Beleg des tatsächlichen Alters eines Denkmals, und sie sind auch nicht Träger von spezifischen Informationen über das jeweilige Denkmal, über den Baumeister, die Handwerkstechniken etc. Riegl sieht in den Altersspuren lediglich die „Symptome der Auflösung" und leitet daraus seine Schlußfolgerungen für das individuelle Verhalten ab. Altersspuren verweisen für Riegl einzig auf den ewigen Kreislauf der Natur, das Werden, Welken und Vergehen. Dadurch wirken sie auf den „modernen Menschen" „beruhigend als Zeugnisse des gesetzlichen Naturlaufs, dem alles Menschenwerk sicher und unfehlbar unterworfen ist". Damit rückt Riegl das Denkmal in die Nähe des Naturwerks, das schließlich mit ihm identisch wird. Jede formale, qualitative, jede rationale Unterscheidung wird so unmöglich, ja, überflüssig: „das Denkmal bleibt nurmehr ein unvermeidliches sinnfälliges Substrat, um in seinem Beschauer jene Stimmungswirkung hervorzubringen, die in modernen Menschen die Vorstellung des gesetzlichen Kreislaufes vom Werden und Vergehen, des Auftauchens des Einzelnen aus dem Allgemeinen und seines naturnotwendigen allmählichen Wiederaufgehens im Allgemeinen erzeugt." Auf dem Weg ins 20. Jahrhundert hat sich für Riegl die Zahl der Denkmäler zwar vergrößert, sie haben dafür aber jegliche Spezifik eingebüßt, den historischen Zusammenhang verlassen, um in den Naturzusammenhang einzutreten. In diesem enthistorisierten Zustand erst wirkten sie befriedigend, ja erlösend auf den Menschen. Die Erkennbarkeit der Gesetzmäßigkeit „an sich" diene der Versicherung, daß alles seine Ordnung habe – und welche Ordnung wäre natürlicher als die der Natur?

Kein Wunder, daß in diese Ordnung nicht eingegriffen werden darf: „Der Kultus des Alterswertes verdammt hiernach nicht allein jede gewaltsame Zerstörung des Denkmals durch Menschenhand als frevelhaften Eingriff in die gesetzliche Auflösungstätigkeit der Natur (...), sondern wenigstens im Prinzip auch jede konservierende Tätigkeit, jede Restaurierung als nicht minder unberechtigten Eingriff in das Walten der Naturgesetze..." Das Denkmal wird für Riegl unter dem Aspekt des Alterswertes zum Kultgegenstand. Der Doppeldeutigkeit des Begriffs „Kultus" im Titel, der Pflege und Verehrung bedeuten kann, ist bisher kaum Bedeutung zugemessen worden, obwohl auch dieser Kult Verpflichtungen und Entsagungen impliziert, wie Verbote, bestimmte Orte zu betreten, verehrte Dinge zu berühren.

Während das Altersdenkmal ungeschützt immer undifferenzierbarer seinem natürlichen Verfall entgegensieht, bleibt dem Individuum, so sieht es Riegl, nur die pietätvolle, kontemplative Betrachtung. Sie allerdings verspricht die Erlösung im „ästhetischen Heil". War der historische Wert noch auf „verstandesmäßige Reflexion" angewiesen, so überspringt der Alterswert gleichsam diese rationale Stufe und macht die „Errungenschaft der Wissenschaft"

für das „Gefühl nutzbar". Diesen Zustand vergleicht Riegl mit dem religiösen Gefühl, das sich den Massen direkt vermittle, jenen „Massen, die niemals mit Verstandesargumenten, sondern nur mit dem Appell an das Gefühl und dessen Bedürfnisse überzeugt und gewonnen werden können".
Die Frage, wie man genau jene von Riegl apostrophierten Massen in den Zustand der aktiven Beteiligung am Denkmalschutz versetzen könnte, hatten sich viele Kollegen Riegls gestellt, und sie waren zu unterschiedlichen Lösungsvorschlägen gelangt, die von der Erweiterung der Lehrpläne für Grundschulen über Vereins- und Vortragstätigkeit bis zur universitären Ausbildung von Denkmalpflegern reichten. Riegls ganz anderer Umgang mit diesem Problem verweist noch einmal deutlich auf seine Entfernung von der Praxis, läßt aber auch Schlüsse auf sein statisches und negatives Gesellschaftsbild zu, das die „Massen" mit einer Ersatzreligion, dem Denkmalkult ruhigstellt, anstatt sie an Aufklärungs- und Bildungsarbeit teilhaben zu lassen.
Wenn man sich heute auf den Rieglschen Alterswert beruft, sollte man sich auch all jener problematischen Aspekte bewußt sein, die diesen konstituieren. Als allgemeinstes Kriterium für Denkmäler geht es beim Alterswert weniger um spezifische Geschichte als um das diffuse Erlebnis der Differenz von Alt und Neu, von Vergangenem und Gegenwärtigem. Der Betrachter wird reduziert auf eine naive und kontemplative Haltung. Die Denkmäler erscheinen ihm unter diesem Aspekt wie natürliche Organismen, nicht wie Werke früherer Gesellschaften mit ihren unterschiedlichen Entstehungs-, Auftrags-, Nutzungs- und Rezeptionsbedingungen.
Im Unterschied zu Walter Benjamin begibt sich Riegl genau der produktiven und emanzipatorischen Potenzen, die bei Benjamin im Studium der Geschichte für die Massen stecken. Aber auch der Vergleich von Benjamins Begriff der „Aura" mit Riegls Alterswert[18] verkennt, daß die Aura in dem historischen Augenblick, nämlich dem beginnenden Zeitalter der technischen Reproduzierbarkeit, zu schwinden beginnt, in dem Riegls Alterswert auftaucht. Während für Benjamin die Zertrümmerung der Aura, als Relikt ihres Zusammenhangs im Ritual, ein emanzipatorischer Akt ist, der die produktive und aktive Annäherung an die Kunstwerke ermöglicht, ist Riegls Denkmalkult das genaue Gegenteil. Für Benjamin entspricht die Befreiung vom kultischen Anteil, der noch im „Schönheitsdienst" der Kunst steckt, der Rezeption der Massen. Riegl dagen „erfindet" eigens für diese Massen einen neuen, profanen Kult, den Denkmalkult. Sein Eingriffsverbot vergrößert gerade die Distanz; die Ehrfurcht verhindert die Aneignung, wie Benjamin sie fordert. Der These folgend, daß „die technische Reproduzierbarkeit des Kunstwerks (...) das Verhältnis der Masse zur Kunst"[19] verändert habe, hält

1 Georg Dehio:
Was wird aus dem Heidelberger Schloß werden?

Es werden für das Heidelberger Schloß umfangreiche bauliche Veränderungen geplant. Wer kann die Nachricht hören ohne Erregung? In dies wunderbare Ganze, aus Vergänglichkeit und Ewigkeit, aus Kunst, Natur und Geschichte zu einem Eindruck zusammengewoben, wie ihn niemals menschlicher Verstand allein, auch nicht des größten Künstlers, hätte hervorrufen können, will man gewaltsam eingreifen – will es verbessern! Also wieder einmal ist der *vandalisme restaurateur*, wie die Franzosen das Ding treffend nennen, auf dem Kriegspfad, und welch edelste Beute hat er sich ausgewählt. Bekämpfen wir indessen unser in Wallung geratendes Blut und suchen in Ruhe uns klarzumachen, worum es sich handelt.

Von vornherein versteht es sich von selbst, daß die Heidelberger Schloßruine, wenn man sie sich selbst überläßt, nicht in alle Zeiten unverändert in ihrem jetzigen Zustand verharren kann: unwiderstehlich, wenn auch langsam, werden die Elemente an ihrer Auflösung arbeiten; das ist ein Schicksal, dem ein jedes Bauwerk, eigentlich schon vom Momente seiner Vollendung an, entgegengeht. Die oberste Aufsichtsbehörde, das Großherzoglich Badische Finanzministerium, hat deshalb seine volle Schuldigkeit getan, als es sich an die Bauverständigen mit der Frage wendete: „Was hat zu geschehen, um das Heidelberger Schloß vor weiterem Verfall zu schützen und vornehmlich seine künstlerisch wertvollen Teile möglichst lange zu erhalten?"

Das erste war, im Jahre 1883, die Einsetzung eines Baubureaus zur technischen Untersuchung des tatsächlichen Bestandes. Auf Grund der hieraus gewonnenen Einsicht haben zwei große Kommissionen, die eine im Jahre 1891, die andere im Jahre 1901, auf die obige Frage Antwort gegeben. Die erste – in ihr waren außer den dem Lande Baden angehörenden Sachverständigen wie Durm, Lübke usw. die urteilsfähigsten Männer Deutschlands vertreten: Essenwein aus Nürnberg, Egle aus Stuttgart, Thiersch aus München, Wagner aus Darmstadt, Raschdorff aus Berlin – stellte einstimmig einen in sieben Sätzen gegliederten Beschluß auf, dessen Quintessenz war: *Abweisung jedes Gedankens an Wiederherstellung heute nicht mehr vorhandener Teile, allein Erhaltung des Bestehenden.* Dieses Votum wurde allgemein beifällig aufgenommen, ebenso in dem großen Kreise der Gebildeten wie in dem engeren der

Fachleute. So z. B. verwies auf der Versammlung der deutschen Architekten und Ingenieurvereine des Jahres 1896 Steinbrecht, der hochgeschätzte Restaurator der Marienburg, auf das Heidelberger Schloß als auf ein typisches Beispiel für jene Fälle, in denen eine über die Erhaltungsarbeiten hinausgehende Restauration *nicht* statthaft sei. Warum nun ist in diesem Herbst eine neue Kommission berufen worden? Sind neue Tatsachen bekannt geworden, welche eine Revision des Votums von 1891 nötig machten? Keineswegs – das Neue, das eingetreten ist, liegt nicht im Kreise der Sachen, sondern in dem der Personen. Die treibende Kraft der neuen Projekte war der neue, um die Mitte der 90er Jahre als Lehrer an die Technische Hochschule in Karlsruhe berufene Architekt, Oberbaurat Schäfer. Derselbe übernahm die Ausbesserung des Friedrichsbaues, des einzigen Gebäudes in der Heidelberger Schloßgruppe, das nicht als Ruine auf uns gekommen ist. Die Kommission, der er selbst angehörte, gab ihm als Richtschnur, den altertümlichen Charakter des Bauwerks durchaus zu schonen. In welchem Maße er seinen Auftrag überschritten hat, ist bekannt. Wie es dabei geschehen konnte, daß die bisher verantwortliche Instanz, das ist die badische Oberbaubehörde, von jeder Mitwirkung und Kritik ausgeschlossen wurde, braucht uns als eine interne Angelegenheit nicht zu beschäftigen. Inzwischen ist Herrn Schäfer, dessen künstlerische Begabung ebenso allgemein anerkannt wird wie seine Tatkraft, beim Essen der Appetit gewachsen. Er will den Otto-Heinrichsbau (der bekanntlich in ganz anderem Sinne und Maß als der Friedrichsbau Ruine ist) so wiederherstellen, wie er, Schäfer, glaubt, daß er gewesen ist. Sein Projekt zu begutachten, war der Anlaß zur Berufung der zweiten großen Kommission. Ihr gehörten von den Mitgliedern der ersten von 1891 nur ganz wenige an, und ihr Ergebnis war ein Zwiespalt. Die Architekten G. v. Seidl (München) und Oberbaurat Kircher (Karlsruhe) sowie die Kunsthistoriker Thode (Heidelberg) und v. Oechelhäuser (Karlsruhe) erneuerten das Votum von 1891; eine andere Partei, diese *nur* aus Architekten bestehend, trat auf die Seite Schäfers, der, wie behauptet wird, mit Zuversicht darauf rechnet, an höchster Stelle mit seinem Plane durchzudringen.
An einem Denkmal von der Art und Bedeutung des Heidelberger Schlosses ist, wie man sich wohl ausdrücken darf, das ganze deutsche Volk ideeller Mitbesitzer. Es ist nicht anzunehmen, daß die letzte Entscheidung im Widerspruch mit der öffentlichen Meinung erfolgen könnte. Pflicht der öffentlichen Meinung ist es um so mehr, sich über die geplante Maßregel ein Urteil zu bilden. Sie kann es. Denn in allen wichtigen Punkten kommt es hier nicht auf eine Geheimwissenschaft an; sie sind allgemein verständlich.
Wie zu erwarten war, wird nun allerdings das Recht auf eine Meinung von

einem sehr kleinen Kreise für sich allein in Anspruch genommen. Es sind die Architekten, wenigstens die um Schäfer gruppierten, die als die einzigen wahren Sachverständigen gelten wollen. Der Gegensatz zwischen Architekten und Kunstgelehrten pflegt bedauerlicherweise bei ähnlichen Anlässen immer wieder aufzutauchen. Es ist deshalb keine müßige Abschweifung, zu untersuchen, wie weit er innerlich berechtigt sei. Was ist denn ein Architekt? und in welchem Verhältnis steht er qua Architekt zu den Denkmälern der Vergangenheit? Ein Architekt ist teils Techniker, ein Mann der angewandten Mathematik und Physik, teils Künstler, Organ der schaffenden Phantasie. Zu den Kunstwerken der Vergangenheit kann er sich aber nur als Forscher, Nachfühlender, nicht als Schaffender verhalten. Von dem Augenblick, in dem er in dieses Verhältnis eintritt, wird er – mag er es anerkennen oder nicht – seiner Aufgabe nach zum *Kunstgelehrten,* und was er auf diesem Boden denkt, spricht oder tut, kann nur nach dem allgemeinen Maße der Kunstwissenschaft gemessen werden. Der so oft behauptete Gegensatz ist also theoretisch gar nicht vorhanden. Praktisch tritt er dennoch hervor in dem andern Augenblicke, wo der Architekt berufen wird, an ein historisches Kunstdenkmal irgendwie die Hand zu legen, um zu erhalten oder zu ergänzen oder wiederherzustellen. In dieser Lage wird es erfahrungsmäßig sehr vielen Architekten unmöglich, in ihrem Geiste die wissenschaftliche Funktion und die künstlerische Funktion auseinanderzuhalten. Was sie als *Künstler* im Geiste schauen, wird ihnen zur *historischen* Gewißheit; eine psychologisch ganz begreifliche Verwechslung, aber für das Denkmal eine akute Gefahr. Als im „historisch" gesinnten 19. Jahrhundert ein Pietätsverhältnis zu den Resten der Vergangenheit erwachte, glaubte man, diesen etwas Gutes zu erweisen, wenn man sie auf diejenige Gestalt zurückführte, die man sich als die ursprüngliche dachte. Aber der feinere historische Sinn konnte dabei keine Befriedigung finden: es hieß, den historischen Verlauf rückwärts korrigieren, und zwar auf fast immer unsicherer Basis. Nach langen Erfahrungen und schweren Mißgriffen ist die Denkmalspflege nun zu dem Grundsatze gelangt, den sie nie mehr verlassen kann: erhalten und nur erhalten! ergänzen erst dann, wenn die Erhaltung materiell unmöglich geworden ist; Untergegangenes wiederherstellen nur unter ganz bestimmten, beschränkten Bedingungen. Ein Architekt, der unter diesen allein zulässigen Voraussetzungen eine Restauration übernimmt, muß wissen, daß es ein entsagungsvolles, durchaus unfreies Geschäft ist. Allein archäologisches und technisches Wissen, nicht künstlerisches Können kommt dabei in Betracht. Es gab und gibt immer Architekten, Gott sei Dank, die diese Selbstbeschränkung geübt und sich damit großen Dank verdient haben; es gibt aber auch – andere.

Ja, leider recht viel andere! Es will uns sogar scheinen, als hätte zurzeit eine Strömung wieder Oberwasser gewonnen, die eine beklagenswerte Rückständigkeit der Grundsätze sich zum Verdienst anrechnet. Statuen ergänzen, Bilder übermalen war in früheren Jahrhunderten allgemeiner Brauch. Heute wird er verurteilt. Der Venus von Milo ihre Arme wiederzugeben oder Leonardos Abendmahl mit einer frischen Farbendecke zu überziehen, gilt für eine heute unmöglich gewordene Barbarei. Nur gewisse Architekten glauben dergleichen noch täglich verüben zu dürfen. Was berechtigt uns denn, soviel Zeit, Arbeit und Geld dem Schaffen der Gegenwart zu entziehen, um sie den Werken der Vergangenheit zuzuwenden? Doch hoffentlich nicht das Verlangen, sie einem bequemeren Genuß mundgerechter zu machen? Nein, das Recht dazu gibt uns allein die *Ehrfurcht* vor der Vergangenheit. Zu solcher Ehrfurcht gehört auch, daß wir uns in unsere Verluste schicken. Den Raub der Zeit durch Trugbilder ersetzen zu wollen, ist das Gegenteil von historischer Pietät. Wir sollen unsere Ehre darin suchen, die Schätze der Vergangenheit möglichst unverkürzt der Zukunft zu überliefern, nicht, ihnen den Stempel irgendeiner heutigen, dem Irrtum unterworfenen Deutung aufzudrücken. Wenn archäologisch gerichtete Architekten ihr Nachdenken auf Restaurationszeichnungen wenden, so sind wir ihnen dankbar dafür. Ausgeführt bedeuten sie eine Vergewaltigung, eine Barbarei trübseligster Art: Gelehrsamkeitsbarbarei.

Sehen wir nun zu, was Schäfer mit dem Heidelberger Schloß im Sinne hat. Er will hier nicht Denkmalspflege in dem oben definierten Sinne, sondern Denkmalserneuerung betreiben. Das Objekt, auf das er hinstrebt, ist der Otto-Heinrichsbau; vielleicht aber wird es ihm aus taktischen Gründen zweckmäßig erscheinen, vorher noch den sogenannten gläsernen Saalbau in Angriff zu nehmen, jenen Frührenaissancebau in der Ecke zwischen Friedrichsbau und Otto-Heinrichsbau. Es wäre damit das A gesprochen, auf welches zwangsmäßig das B folgen müßte. Der Entwurf für den Otto-Heinrichsbau ist noch nicht veröffentlicht. Von seinen Grundzügen kann man sich aber ein vollkommen deutliches Bild machen nach der Restaurationszeichnung von Koch und Seitz, der sich Schäfer nach Aussage seines Freundes Seitz im wesentlichen anschließt. Der Ausbau des Innern, der selbstverständlich eine fast ganz freie Schöpfung Schäfers werden müßte, braucht uns nicht zu beschäftigen; es wäre eine zwar zwecklose und kostspielige, aber sonst unschädliche Stilübung; uns interessiert als seinen Folgen nach wichtigstes die Umgestaltung der Außenansicht. Für sie projektiert Schäfer einen kolossalen, die ganze Fassade einnehmenden Zwillingsgiebel und dahinter ein entsprechend kolossales Dach. Dieser Aufbau würde vom Sockel ab die Höhe des Gebäudes beinahe verdoppeln. *Also vollständige Verschiebung der Proportionen, eine total veränderte Bedeutung und Wirkung der ganzen Fassade.*

Die Freunde des Schäferschen Projekts empfehlen es aus zwei Gründen: 1. es sei das technisch beste Mittel zur Erhaltung des Bestehenden; 2. es sei an und für sich von großartiger „Originalität und Schönheit". Lassen wir unsere Verwunderung über das zweite Argument vorläufig beiseite und wenden uns zum ersten, das gewiß Anspruch erheben darf, ernstlich geprüft zu werden. Bei mäßigem Nachdenken drängen sich schon dem Laien einige ungläubige Fragen auf. Wenn die bestehende Fassadenmauer zu mürbe ist, um sich selbst zu halten, wie sollen die großen schweren Giebel, die Schäfer über ihr aufrichten will, ihre Standfestigkeit erhöhen? Und wie soll das Dach, das nirgends überhängen wird, ein Mittel sein, die aus dem Mauergrunde vortretenden plastischen Gliederungen vor Verwitterung schützen? Weiter: werden nicht die neu aufzubauenden Giebel mit dem die sichtlichen Spuren des Alters tragenden Unterbau in einen ästhetisch unerträglichen Zwiespalt geraten? Die notwendige Folge wird dann sein, daß Schäfer, der schon an dem relativ gut erhaltenen Friedrichsbau ein Drittel aller Steine ausgewechselt hat, in noch viel größerem Umfange hier am Otto-Heinrichsbau die sichtbare Oberhaut des Baukörpers erneuern muß. Das heißt: der Otto-Heinrichsbau, der ist, wird verschwinden, und an seine Stelle wird teils eine Kopie, teils ein Neubau treten. Das sind Erwägungen, die, wie gesagt, schon dem Laienverstande sich aufdrängen und von den Verteidigern des Schäferschen Projektes auch nicht widerlegt sind. Hören wir nun die Techniker. Fritz Seitz, der von 1883 ab die Untersuchung geführt hat, resumierte in seinem, auch durch den Druck veröffentlichten Gutachten von 1891: „Fundament vorzüglich; Geschoßmauerwerk der Ost- und Süd- und Westfassaden, abgesehen von den obersten Teilen, gut; Mauerstärke groß; Hoffassade übersteht im ganzen unbedeutend; Senkungen nirgends bemerkbar." Durch die große Kommission desselben Jahres wurde sein Urteil bestätigt. Der bei der damaligen Untersuchung nicht beteiligte, zu der diesjährigen Kommission hinzugezogene Architekt Gabriel Seidl (Erbauer des neuen Münchener Nationalmuseums) wiederholte es. Ebenso in freiwilligen Außerungen Oberbaudirektor Dr. Durm und Oberbaurat Dr. Warth. Der letztere verneint in längerer Auseinandersetzung aufs bestimmteste, daß die Ausführung eines Daches Vorteile für die Erhaltung bringen würde, die sich nicht auch mit anderen technischen Mitteln erreichen ließen. „Bei dem geplanten Ausbau werden die Verhältnisse nicht günstiger werden, denn die Fassade des Otto-Heinrichsbaus erhält durch das Dach keinen Schutz gegen die Witterungseinflüsse, sie wird in ihrer

Ausdehnung nur vergrößert durch die gewaltigen, die Dachflächen überragenden Doppelgiebel, die in erhöhtem Maße der Verwitterung und dem Verfall preisgegeben sind. Der einzige Erfolg wird darin bestehen, daß sich die Unterhaltungskosten der neuen Fassade verdoppeln." Genug, die überwiegende Majorität der Techniker ist überzeugt, daß die Erhaltung der Ruine ohne augenfällige Änderung der äußeren Erscheinung *auf Jahrhunderte* verbürgt werden kann. Und sollte in ferner Zukunft der Augenblick eintreten, wo das nicht mehr möglich wäre, so ist durch genaueste Zeichnungen und Messungen schon jetzt vorgesorgt, daß ein Ersatzbau, wenn man ihn dann haben will, eintreten kann. *Eine Gefahr für den Bestand des Heidelberger Schlosses, außer der durch Karl Schäfer ihr drohenden, ist heute nicht vorhanden.*

Es erübrigt, das Schäfersche Projekt auf seinen archäologischen Wert zu prüfen. Da das Gebäude selbst für die Restauration keine Anhaltspunkte gibt, muß man die in ziemlicher Zahl erhaltenen alten Ansichten um Auskunft fragen (vgl. deren Publikation durch Zangemeister in den Mitteilungen des Schloßvereins Bd. I). Dieselben zerfallen in zwei Gruppen: solche, die vor, und solche, die nach dem Brande im Dreißigjährigen Kriege aufgenommen sind. Es wird daraus ersichtlich, daß die nach dieser Katastrophe vorgenommene Restauration der Dachregion eine wesentliche veränderte Gestalt gegeben hat; ihr gehören die noch jetzt vorhandenen Giebelansätze über dem Hauptgesims. Die Grundlage für Schäfers Projekt bilden die älteren Zeichnungen. Leider nur sind sie von ganz kleinem Maßstabe und halten sich in flüchtigen Andeutungen; mehr als das Allgemeinste, nämlich, daß auf der Westseite ein Zwillingsgiebel, auf der Ostseite zwei getrennte Giebel und zwischen ihnen rechtwinklig zur Fassade stehende Dächer vorhanden waren, verraten sie nicht; wer danach bauen will, muß seiner Phantasie einen großen Spielraum geben, was denn auch Schäfer reichlichst getan hat. Das ist aber noch nicht das schwerste Bedenken. Es sind nämlich die ältesten der in Frage stehenden Zeugnisse nicht älter als das Ende des 16. Jahrhunderts; durch nichts wird verbürgt, daß sie die unveränderte *erste* Bauidee wiedergeben. Der Bau war begonnen 1556, vollendet 1563. Der Pfalzgraf war schon vorher gestorben. Die Bauleitung scheint gewechselt zu haben. Vollends für die Epoche von 1563 bis zum Ende des Jahrhunderts liegt für etwaige Veränderungen jede Möglichkeit offen. Mehrere Kritiker glauben gemäß dem mit Alexander Colins geschlossenen Vertrag vom Jahre 1558 die Absicht auf Fassadengiebel mit Bestimmtheit verneinen zu sollen. Zwingend ist ihre Beweisführung wohl nicht, da das *argumentum ex silentio* eine zu große Rolle darin spielt. Gewisse, aus dem Bauwerk selbst zu entnehmende Argumente führen jedoch, wenigstens mit Wahrscheinlichkeit, zu demselben Ergebnis. Wie Oberbaudirektor Durm längst nachgewiesen hat (im Zentralblatt der Bauverwaltung 1884), haben die durch Merian usw. überlieferten Ansichten, sobald man sie auf dem bestehenden Grundriß nachkonstruiert, höchst wunderliche und ungeschickte Gestaltung der Dächer zur Folge; es ist schwer zu glauben, daß ein Architekt, der freie Hand hatte, ein Architekt vollends, der sichtlich aus italienischer Tradition hervorgegangen war, auf dergleichen soll geraten sein; anders, wenn die Giebel ein später hinzugetretener Baugedanke waren und wenn mit dem Zwang gegebener Verhältnisse gerechnet werden mußte. Sodann das Verhältnis von Giebel und Fassade? Niemand kann in ihr etwas anderes sehen, als eine italienisch inspirierte, in sich *völlig abgeschlossene* Komposition; in ihren Linien ist nicht die leiseste Andeutung von etwas, das nach weiterer Entwicklung und Lösung verlangte; nicht die leiseste Andeutung, daß über dem Hauptgesims (außer der selbstverständlich vorauszusetzenden Krönung durch Ballustraden, o. dg.) noch ein wichtiger Bauteil folgen müßte oder auch nur könnte. Die hohen Giebel, wann immer sie hinzugekommen sein mögen, sind unmöglich mit *dieser* Fassade zugleich erdacht. Und gesetzt, sie wären schon unter Otto Heinrich beschlossen worden, so wäre es doch immer eine von der ersten Idee abbiegende, nachträgliche Konzession an die nordischen Gewohnheiten.

Archäologisch liegt also der Fall so: *das Versprechen, den Otto-Heinrichsbau so wieder herzustellen, wie er gewesen ist, kann nicht eingelöst werden, weil niemand, auch nicht Karl Schäfer, mit Sicherheit angeben kann, wie er ausgesehen hat. Das relativ Wahrscheinlichere ist, daß er anders ausgesehen hat, als auf Schäfers Projekt.*

Den Rest der Kritik besorgt wirksamst das Lob der Gesinnungsgenossen. Architekt Fritz Seitz rühmt die „Originalität" des Entwurfes. Architekt Ludwig Dihm protestiert dagegen, daß man darin eine bloße Kopie sehen wolle; nein, „es handelt sich um eine ganz hervorragende *selbständige* Kunstleistung im Geiste der Alten. Schäfers Wiederaufbau wird eine *Tat* ersten Ranges werden". Das ist so deutlich gesprochen, als wir Antirestauratoren es nur irgend wünschen können. Im Namen der Denkmalserhaltung wird Schäfer ans Werk gerufen, – und das Ende ist, daß das Denkmal verschwinden soll, um der „selbständigen Tat" Schäfers Platz zu machen. Im übrigen vergesse man nicht, ein wie bedingter Wert derselben auch im günstigsten Falle nur zukommen kann. Es steht damit nicht anders, als wie wenn ein geschickter Philolog zu einem fragmentierten alten Gedicht das fehlende Stück nach ungefährer Inhaltsüberlieferung hinzudichtet. Es kann dabei ein amüsantes Virtuosenstück entstehen, niemals echte Kunst. Die Philologendichtung aber braucht niemand zu lesen, und sie alteriert nicht den Eindruck der echten

Teile; Schäfers Rekonstruktion – ich muß es wiederholen – würde den künstlerischen Charakter des Otto-Heinrichsbaus innerlichst umwandeln. Wir haben bis dahin das Gebäude für sich allein betrachtet. Nun aber denke man sich, welchen Eindruck der funkelnagelneue Schäfersche Ersatz-Otto-Heinrichsbau im ganzen der Schloßruine machen wird! Er wird als eine schreiende Dissonanz dastehen. Er und die ihn umgebenden *Ruinen* werden sich wechselseitig unmöglich machen. Es wäre dasselbe, wie wenn man auf der Akropolis von Athen einen einzelnen Tempel wiederaufbauen und alles übrige liegen lassen wollte, wie es ist. Wer hier höhnisch von „Sentimentalität" und „Romantik" spricht, beweist nur seinen gänzlichen Mangel an ästhetischem Takt. Daß Altes auch alt erscheinen soll mit allen Spuren des Erlebten, und wären es Runzeln, Risse und Wunden, ist ein psychologisch tief begründetes Verlangen. Der ästhetische Wert des Heidelberger Schlosses liegt nicht in erster Linie in dieser oder jener Einzelheit, er liegt in dem unvergleichlichen, über alles, was man mit *bloß architektonischen* Mitteln erreichen könnte, weit hinausgehenden Stimmungsakkord des Ganzen. Verlust und Gewinn im Falle fortgesetzter Verschäferung des Schlosses lassen sich deutlich übersehen. Verlieren würden wir das Echte und gewinnen die Imitation; verlieren das historisch Gewordene und gewinnen das zeitlos Willkürliche; verlieren die Ruine, die altersgraue und doch so lebendig zu uns sprechende, und gewinnen ein Ding, das weder alt noch neu ist, eine tote akademische Abstraktion.
Zwischen diesen beiden wird man sich zu entscheiden haben.

Wir haben Grund zu hoffen, daß die „schicksalskundige Burg" auch diese neueste, seltsamste Gefahr noch überstehen wird. Wer dies Blatt in die Hand bekommt, soll sich aber klar machen, daß die Gefahr keine vereinzelte ist. Möchte doch das vertrauensvolle Publikum es endlich bemerken, daß der Sache nach Ähnliches, mag es auch in kleinerem Maßstabe sein, fortwährend bei uns geschieht. Das bedrohte Heidelberg liegt *überall*.

Nachwort 1914

Die obige Flugschrift aus dem Jahre 1901 war eine der ersten Stimmen in dem bald gewaltig anschwellenden Chor einer Erörterung, die jahrelang von der öffentlichen Meinung Deutschlands mit lei 'enschaftlicher, nie müde werdender Teilnahme verfolgt wurde. Die vielen Worte, die damals gewechselt wurden, sind nicht ohne Frucht geblieben. Die Frage ist jetzt praktisch beantwortet, und Deutschland weiß, warum sie nicht anders beantwortet werden durfte. Aus jenem Streite bleibt das Gute zurück, daß auch die weiteren Kreise über die Grundfragen der Denkmalspflege nachdenken gelernt haben.

2 Alois Riegl:
Der moderne Denkmalskultus, sein Wesen und seine Entstehung

Die Denkmalswerte und ihre geschichtliche Entwicklung

Unter Denkmal im ältesten und ursprünglichsten Sinne versteht man ein Werk von Menschenhand, errichtet zu dem bestimmten Zweck, um einzelne menschliche Taten oder Geschicke (oder Komplexe mehrerer solcher) im Bewußtsein der nachlebenden Generationen stets gegenwärtig und lebendig zu erhalten. Es kann entweder ein Kunstdenkmal oder ein Schriftdenkmal sein, je nachdem es das zu verewigende Ereignis mit den bloßen Ausdrucksmitteln der bildenden Kunst oder unter Zuhilfenahme einer Inschrift dem Beschauer zur Kenntnis bringt; am häufigsten sind wohl beide Gattungen gleichwertig miteinander vereinigt. Die Aufrichtung und Pflege solcher „gewollter" Denkmale, die bis in die frühesten nachweisbaren Zeiten menschlicher Kultur zurück zu verfolgen ist, hat auch heute nichts weniger als aufgehört; aber wenn wir von modernem Denkmalkultus und Denkmalschutz sprechen, denken wir so gut wie gar nicht an die „gewollten" Denkmale, sondern an die „Kunst- und historischen Denkmale", wie der offizielle Ausdruck dafür bisher wenigstens in Österreich gelautet hat. Diese Bezeichnung, die nach den Anschauungen des 16. bis 19. Jahrhunderts eine ganz berechtigte gewesen ist, könnte heute mit Rücksicht auf die in jüngster Zeit zur Geltung gelangte Auffassung vom Wesen des Kunstwertes zu Mißverständnissen verleiten, weshalb wir vor allem anderen zu untersuchen haben, was man bisher unter „Kunst- und historischen Denkmalen" verstanden hat.

Nach der gemein üblichen Definition ist Kunstwerk jedes tast- und sichtbare oder hörbare Menschenwerk, das einen künstlerischen Wert aufweist, historisches Denkmal jedes ebensolche Werk, das historischen Wert besitzt. Die hörbaren Denkmale (der Tonkunst) dürfen wir in diesem Zusammenhange aus der Betrachtung von vornherein ausschalten, da sie, soweit sie uns hier überhaupt interessieren, einfach unter die Schriftdenkmale einzureihen sind. Wir haben daher lediglich mit Bezug auf die tast- und sichtbaren Werke der bildenden Kunst (im weitesten Sinne, d. h. alle Gebilde durch Menschenhand umfassend) zu fragen: was ist künstlerischer und was ist historischer Wert? Der historische Wert ist offenbar der umfassendere und mag darum an erster Stelle seine Erörterung finden. Historisch nennen wir alles, was einmal gewesen ist und heute nicht mehr ist; nach modernsten Begriffen verbinden wir damit noch die weitere Anschauung, daß das einmal Gewesene nie wieder sein kann und jedes einmal Gewesene das unersetzliche und unverrückbare Glied einer Entwicklungskette bildet, oder mit anderen Worten: daß alles darauf Gefolgte durch das erstere bedingt ist und nicht so hätte erfolgen können, wie es sich tatsächlich ereignet hat, wenn jenes frühere Glied nicht vorangegangen wäre. Den Kernpunkt jeder modernen historischen Auffassung bildet eben der *Entwicklungsgedanke*. Nach modernen Begriffen darf sonach jede menschliche Tätigkeit und jedes menschliche Geschick, wovon uns Zeugnis oder Kunde erhalten ist, ohne Ausnahme historischen Wert beanspruchen: jedes historische Vorkommnis gilt uns im Grunde für unersetzlich. Da es aber nicht möglich wäre, die Unmasse von Vorkommnissen, von denen sich unmittelbar oder mittelbar Zeugnisse erhalten haben und die sich mit jedem Augenblicke ins Unendliche vermehren, in Betracht zu ziehen, hat man sich bisher notgedrungen darauf beschränkt, die Aufmerksamkeit vorwiegend bloß solchen Zeugnissen zuzuwenden, die uns besonders augenfällige Etappen im Entwicklungsgange eines bestimmten Zweiges menschlicher Tätigkeit zu repräsentieren scheinen. Das Zeugnis kann ein Schriftdenkmal sein, durch dessen Lesung in unserem Bewußtsein enthaltene Vorstellungen wachgerufen werden, oder ein Kunstdenkmal, dessen Inhalt unmittelbar sinnlich wahrgenommen wird. Da ist es nun wichtig, sich klarzumachen, daß jedes Kunstdenkmal ohne Ausnahme zugleich ein historisches Denkmal ist, denn es repräsentiert eine bestimmte Stufe der Entwicklung der bildenden Kunst, wofür streng genommen kein absolut gleichwertiger Ersatz gefunden werden kann. Umgekehrt ist freilich auch jedes historische Denkmal ein Kunstdenkmal, denn selbst ein so untergeordnetes Schriftdenkmal wie etwa ein abgerissener Papierzettel mit einer kurzen belanglosen Notiz enthält nebst seinem historischen Werte für die Entwicklung der Papierfabrikation, der Schrift, der Schreibmaterialien usw. eine ganze Reihe von künstlerischen Elementen: die äußere Gestalt des Zettels, die Form der Buchstaben und die Art ihrer Zusammenstellung. Freilich sind dies so unbedeutende Elemente, daß wir sie in tausend Fällen unbeachtet lassen werden, weil wir hinreichend andere Denkmale besitzen, die uns annähernd das gleiche in reicherer und ausführlicherer Weise mitteilen. Wäre aber der betreffende Zettel das einzige erhaltene Zeugnis vom Kunstschaffen seiner Zeit, so würden wir ihn trotz seiner Dürftigkeit für ein ganz und gar unentbehrliches Kunstdenkmal ansehen müssen. Die Kunst, der wir da begegnen, interessiert uns aber zunächst lediglich vom historischen Standpunkte: das Denkmal erscheint uns als ein unentbehrliches Glied in der Entwicklungskette der Kunstgeschichte. Das „Kunstdenkmal" in diesem Sinne ist also eigentlich ein „kunsthistorisches Denkmal", sein Wert ist von diesem Standpunkte kein „Kunstwerk", sondern ein „historischer Wert". Daraus würde sich ergeben, daß die Scheidung zwischen „Kunst- und historischen Denkmalen" eine unzutreffende ist, da die ersteren in den letzteren enthalten sind und darin aufgehen.

Ist es aber wirklich nur der historische Wert, den wir an den Kunstdenkmalen schätzen? Wäre dem so, dann müßten alle Kunstwerke früherer Zeiten oder doch alle Kunstperioden in unseren Augen gleichen Wert besitzen und höchstens durch Rarheit oder höheres Alter einen relativen Mehrwert gewinnen. In Wirklichkeit schätzen wir aber mitunter spätere Werke höher als frühere, z. B. einen Tiepolo des 18. Jahrhunderts höher als die Manieristen des 16. Jahrhunderts. Es muß also nebst dem Interesse am Historischen im alten Kunstwerk doch noch ein anderes geben, das in seinen spezifisch künstlerischen, d. h. Auffassungs-, Form- und Farbeneigenschaften beruht. Es ist offenbar neben dem kunsthistorischen Werte, den alle alten Kunstwerke (Denkmale) ohne Ausnahme für uns besitzen, doch auch ein reiner Kunstwert vorhanden, der von der Stellung des Kunstwerkes in der historischen Entwicklungskette unabhängig bleibt. Ist nun dieser Kunstwert ein in der Vergangenheit ebenso objektiv gegebener wie der historische, so daß er einen wesentlichen und vom Historischen unabhängigen Teil des Denkmalbegriffs ausmacht? – oder ist er ein subjektiver, vom modernen betrachtenden Subjekte erfundener, in dessen Belieben gestellter und mit diesem Belieben wechselnder, in welchem Falle er im Begriffe des Denkmals als eines Werkes von Erinnerungswert keinen Platz hätte?

In der Beantwortung dieser Frage scheiden sich heute die Anhänger zweier Meinungen: einer noch nicht völlig überwundenen alten und einer siegreich vordringenden neuen. Seit der Renaissancezeit, in welcher, wie noch gezeigt werden soll, der historische Wert zuerst anerkannte Bedeutung gewonnen hat, galt bis in das 19. Jahrhundert der Satz, daß es einen unverbrüchlichen Kunstkanon gebe, ein absolut gültiges objektives Kunstideal, nach welchem alle Künstler hinstreben, das aber kaum einer vollständig erreichen könne. Anfänglich hatte die Antike dafür gegolten, daß sie jenem Kanon am nächsten gekommen wäre, ja in einzelnen ihrer Schöpfungen das Ideal selbst repräsentiere. Das 19. Jahrhundert hat diesen alleinigen Anspruch der Antike endgültig beseitigt und daneben fast alle übrigen bekannten Kunstperioden in ihrer selbständigen Bedeutung emanzipiert; aber den Glauben an ein objektives Kunstideal hat es darum nicht aufgegeben. Erst gegen Beginn des 20. Jahrhunderts hat man sich dazu entschließen können, aus dem historischen Entwicklungsgedanken die notwendige Konsequenz zu ziehen und alles verflossene Kunstschaffen als für uns unwiederbringlich vorüber und daher auch in keiner Weise kanonisch maßgebend zu erklären. Wenn wir uns dennoch nicht auf die künstlerische Würdigung moderner Werke beschränken, sondern auch alte um ihrer Auffassung, Form und Farbe willen schätzen, ja solche mitunter über die modernen stellen, so wäre dies (abgesehen von dem stets vorhandenen ästhetischen Faktor des historischen Interesses) auf die Weise zu verstehen, daß gewisse alte Kunstwerke, wenn auch niemals zur Gänze, so doch wohl mit gewissen Teilen dem modernen Kunstwollen entsprechen, und daß gerade die Erscheinung dieser übereinstimmenden Partien auf der Folie der widerstreitenden den ersteren eine solche Wirkungskraft auf uns Moderne verleiht, wie sie ein modernes Kunstwerk, das jener Folie notwendigermaßen entbehren muß, niemals entfalten kann. Nach heutigen Begriffen gibt es sonach keinen absoluten, sondern bloß einen relativen, modernen Kunstwert.

Dementsprechend muß auch die Definition des Begriffes „Kunstwert" verschieden lauten, je nachdem man die eine oder die andere Anschauung vertritt. Nach der älteren Meinung besitzt ein Kunstwerk insofern Kunstwert, als es den Anforderungen einer vermeintlichen objektiven, bisher niemals einwandfrei formulierten Ästhetik entspricht; nach der neueren bemißt sich der Kunstwert eines Denkmals danach, wie weit es den Anforderungen des modernen Kunstwollens entgegenkommt, welche Anforderungen freilich noch weniger ihre klare Formulierung gefunden haben und strenggenommen auch niemals finden können, da sie von Subjekt zu Subjekt und von Moment zu Moment unaufhörlich wechseln.

Diesen Unterschied in der Auffassung vom Wesen des Kunstwerts sich völlig klarzumachen, ist deshalb eine grundwichtige Vorbedingung für unsere Aufgabe, weil die prinzipielle Richtung der gesamten Denkmalpflege dadurch eine entscheidende Beeinflussung erfährt. Gibt es keinen ewigen Kunstwert, sondern bloß einen relativen, modernen, so ist der Kunstwert eines Denkmals kein Erinnerungswert mehr, sondern ein Gegenwartswert. Die Denkmalpflege hat mit ihm zwar zu rechnen, da er als ein gewissermaßen praktischer Tageswert gegenüber dem historischen Vergangenheits-Erinnerungswert des Denkmals nur um so dringender Berücksichtigung fordert; aber aus dem Begriffe des „Denkmals" ist er auszuscheiden. Bekennt man sich zu der Auffassung vom Wesen des Kunstwerts, wie sie sich unwiderstehlich in der jüngsten Zeit als Schlußresultat der gesamten, im einzelnen unübersehbaren kunstgeschichtlichen Forschungstätigkeit des 19. Jahrhunderts herausgebildet hat, so wird man in Hinkunft nicht mehr von „Kunst- und historischen Denkmalen", sondern nur von „historischen Denkmalen" sprechen dürfen, und in diesem Sinne wird das Wort auch im folgenden ausschließlich Anwendung finden.

Historische Denkmale sind nun im Gegensatze zu den gewollten „ungewollte"; es ist aber von vornherein klar, daß alle gewollten Denkmale zugleich ungewollte sein können und nur einen kleinen Bruchteil der ungewollten darstellen. Da die einstigen Hersteller mit diesen Werken, die uns heute als historische Denkmale erscheinen, hauptsächlich bloß gewissen praktischen oder idealen Bedürfnissen ihrer selbst, ihrer Zeitgenossen und höchstens deren nächsten Erben genügen wollten und in der Regel wohl gar nicht daran gedacht haben, damit den Nachlebenden in späteren Jahrhunderten Zeugnisse ihres (der Hersteller) künstlerischen und kulturellen Lebens und Schaffens zu hinterlassen, kann die Bezeichnung „Denkmale", die wir diesen Werken trotzdem zu geben pflegen, nicht in objektivem, sondern bloß in subjektivem Sinne gemeint sein: nicht den Werken selbst kraft ihrer ursprünglichen Bestimmung kommt Sinn und Bedeutung von Denkmalen zu, sondern wir modernen Subjekte sind es, die ihnen dieselben unterlegen. In beiden Fällen – den gewollten wie den ungewollten Denkmalen – handelt es sich um einen Erinnerungswert und deshalb sprechen wir ja auch da wie dort von „Denkmalen"; in beiden Fällen interessiert uns ferner das Werk in seiner ursprünglichen unverstümmelten Gestalt, in der es aus der Hand seiner Urheber hervorgegangen ist und in der wir es zu schauen oder doch in Gedanken, in Wort oder Bild wiederherzustellen trachten; aber im ersteren Falle wird uns der Erinnerungswert von anderen (den einstigen Urhebern) oktroyiert, im letzteren wird er durch uns selbst bestimmt.

Mit dem „historischen Wert" ist jedoch das Interesse, das uns Modernen die von vergangenen Menschengeschlechtern hinterlassenen Werke einflößen, keineswegs erschöpft. Eine Burgruine z.B., deren verfallene Mauerreste zu wenig mehr von Form, Technik, Disposition der Räume usw. verraten, um ein kunst- oder kulturhistorisches Interesse zu befriedigen, und an die sich andererseits auch keine chronistischen Erinnerungen knüpfen, kann somit das offenkundige Interesse, das wir Modernen ihr gleichwohl unbedingt entgegenbringen, unmöglich ihrem historischen Werte verdanken. Ebenso haben wir etwa angesichts eines alten Kirchturms zu scheiden zwischen den mehr oder minder lokalisierten historischen Erinnerungen verschiedenster Art, die sein Anblick in uns wachruft, und der ganz allgemeinen nicht lokalisierten Vorstellung der Zeit, die der Turm „mitgemacht" hat und die sich in seinen unmittelbar wahrzunehmenden Altersspuren verrät. Der gleiche Unterschied ist selbst an Schriftdenkmalen zu beobachten. Ein Pergamentzettel aus dem 15. Jahrhundert, einfachsten Inhaltes, z. B. mit dem Vermerk über einen Pferdekauf, erweckt in uns nicht allein mit seinen Kunstelementen gleich jener Ruine und dem Kirchturm doppelten Erinnerungswert (einen historischen durch die Formelemente des Zettels, der Buchstaben usw., den andern, jetzt in Frage stehenden durch die Vergilbung und „Patina" des Pergaments, die Blässe der Buchstaben), sondern auch mit seinem schriftlichen Inhalte: historischen durch die Kaufbestimmungen (Rechts- und Wirtschaftsgeschichte), die Namen (politische Geschichte, Genealogie, Siedlungsgeschichte) usw., den anderen durch die fremdartige Sprache, die ungewohnten Redewendungen, Begriffe und Urteile, die selbst der historisch nicht Gebildete sofort als unmodern und der Vergangenheit angehörig empfindet. Das Interesse wurzelt nun auch in diesen Fällen zweifellos in einem Erinnerungswerte, das heißt, wir betrachten auch von diesem Standpunkte das Werk als ein Denkmal, und zwar als ein ungewolltes; aber der Erinnerungswert haftet da nicht an dem Werke in seinem ursprünglichen Entstehungszustande, sondern an der Vorstellung der seit seiner Entstehung verflossenen Zeit, die sich in den Spuren des Alters sinnfällig verrät. Konnte vorhin die Auffassung der „historischen" Denkmale gegenüber jener der „gewollten" bereits als eine subjektive bezeichnet werden, die es aber gleichwohl noch immer mit der Betrachtung eines festen Objekts (des ursprünglichen, individuell abgeschlossenen Werkes) zu tun hatte, so erscheint nunmehr in dieser dritten Klasse von Denkmalen das Objekt vollends bereits zu einem bloßen notwendigen Übel verflüchtigt; das Denkmal bleibt nur mehr ein unvermeidliches sinnfälliges Substrat, um in seinem Beschauer jene Stimmungswirkung hervorzubringen, die in modernen Menschen die Vorstellung des gesetzlichen Kreislaufes vom Werden und Vergehen, des Auftauchens des Einzelnen aus dem Allgemeinen und seines naturnotwendigen allmählichen Wiederaufgehens im Allgemeinen erzeugt. Indem diese Stimmungswirkung keine wissenschaftlichen Erfahrungen voraussetzt, insbesondere zu ihrer Befriedigung keiner durch historische Bildung erworbenen Kenntnisse zu bedürfen scheint, sondern durch die bloße sinnliche Wahrnehmung hervorgerufen wird und sich darauf sofort als Gefühl äußert, glaubt sie den Anspruch erheben zu können, sich nicht allein auf die Gebildeten, auf die die historische Denkmalpflege notgedrungen beschränkt bleiben muß, sondern auch auf die Massen, auf alle Menschen ohne Unterschied der Verstandesbildung zu erstrecken. In diesem Anspruche auf Allgemeingültigkeit, den er mit den religiösen Gefühlswerten gemein hat, beruht die tiefe und in ihren Folgen vorläufig noch nicht übersehbare Bedeutung dieses neuen Erinnerungs-(Denkmal-)Wertes, der im folgenden als „Alterswert" bezeichnet werden soll.

Aus diesen Andeutungen ergibt sich bereits, daß der moderne Denkmalkultus bei der Pflege der „historischen Denkmale" nicht stillsteht und auch für „Altersdenkmale" pietätvolle Beachtung fordert. Wie nun die gewollten Denkmale restlos in den ungewollten historischen enthalten sind, so wird man gleicherweise alle historischen in den Altersdenkmalen einbegriffen finden. Äußerlich scheiden sich somit die drei Denkmalsklassen voneinander durch eine stetige Erweiterung des Umfanges, in welchem der Erinnerungswert Gültigkeit erlangt. In der Klasse der gewollten Denkmale gelten nur diejenigen Werke, die mit Willen ihrer Urheber an einen bestimmten Moment der Vergangenheit (oder einen Komplex mehrerer solcher) erinnern sollen; in der Klasse der historischen Denkmale erweitert sich der Kreis auf solche, die zwar auch noch auf einen bestimmten Moment hinweisen, dessen Wahl aber in unser subjektives Belieben gelegt ist; in die Klasse der Altersdenkmale zählt endlich jedes Werk von Menschenhand, ohne Rücksicht auf seine ursprüngliche Bedeutung und Zweckbestimmung, sofern es nur äußerlich hinreichend sinnfällig verrät, daß es bereits geraume Zeit vor der Gegenwart existiert und „durchlebt" hat. Die drei Klassen erscheinen hiernach als drei aufeinanderfolgende Stadien eines Prozesses zunehmender Verallgemeinerung des Denkmalbegriffes; eine flüchtige Übersicht über die bisherige Geschichte der Denkmalpflege mag zeigen, wie die drei Klassen auch in Wirklichkeit in der gleichen Reihenfolge nacheinander ihre Ausbildung gefunden haben.

Gewollte Denkmale mußten in einer Zeit, da es noch kein Verständnis für ungewollte gegeben hat, rettungslos der Auflösung und Zerstörung verfallen, sobald diejenigen, für die sie bestimmt waren und die ein stets gegenwärtiges Interesse an ihrer Erhaltung hatten, in Wegfall gekommen waren. Das ganze Altertum und Mittelalter haben nun im Grunde bloß gewollte Denkmale gekannt. Eine genaue Schilderung des Entwicklungsganges in dieser langen Periode würde hier zu weit führen; es sei darum bloß erwähnt, daß in altorientalischer Zeit die Denkmale hauptsächlich bloß von einzelnen (oder Familien) gewollt wurden, während bei den Griechen und Römern das patriotische Denkmal aufkam, das von vornherein unter den Schutz größerer Interessentenverbände gestellt war und mit dieser Erweiterung des Interessentenkreises auch die Gewähr längeren Bestandes, freilich anderseits auch ein Nachlassen der früheren Sorgfalt in der Wahl möglichst unvergänglichen und unzerstörbaren Materials mit sich brachte. Ein scheinbares Auftreten des Alterswerts im späten Altertum soll später noch besonders zur Sprache gebracht werden und Erklärung finden; daß ferner namentlich im Mittelalter

Erscheinungen allmählichen Übergangs zu dem Aufkommen ungewollter Denkmale sich einzustellen begannen, ist nur selbstverständlich. Ein Werk gleich der Trajanssäule mußte nun im Mittelalter, als das alte Imperium, dessen Herrlichkeit und unüberwindliche Macht sie späteren Geschlechtern stets gegenwärtig erhalten sollte, zugrunde gegangen war, als vogelfrei gelten; sie hat sich auch damals zahlreiche Verstümmelungen gefallen lassen müssen, ohne daß jemand an ihre Restaurierung gedacht hätte; daß sie überhaupt aufrecht blieb, verdankt sie hauptsächlich einem nachlebenden Reste des altrömischen Patriotismus, der auch dem mittelalterlichen Römer niemals ganz abhanden gekommen ist, weshalb wir die Trajanssäule schließlich selbst während des Mittelalters, allerdings nur in sehr bedingtem Maße, noch immer als ein gewolltes Denkmal gelten lassen dürfen. Immerhin war bis in das 14. Jahrhundert stets die Gefahr vorhanden, daß die Säule irgendwelchen praktischen Bedürfnissen unbedenklich hätte geopfert werden können. Erst seit der Renaissancezeit ward diese Gefahr vorläufig und bis zum heutigen Tage, voraussichtlich auch für eine freilich nicht unübersehbare Zukunft, beschworen.

Bewirkt wurde diese Wandlung dadurch, daß sich seit dem 15. Jahrhundert in Italien ein neuer Erinnerungswert herausgebildet hatte. Man begann jetzt die Denkmale des Altertums neuerdings zu schätzen, aber nicht mehr bloß um der durch sie vermittelten patriotischen Erinnerung an die Macht und Größe des alten Imperiums willen, das sich selbst der mittelalterliche Römer, freilich in sehr phantastischer Fiktion, noch immer als fortbestehend oder nur zeitweise unterbrochen gedacht hatte, sondern wegen ihres „Kunst- und historischen Wertes". Daß man jetzt nicht bloß Monumente gleich der Trajanssäule, sondern selbst unscheinbare Fragmente von Gesimsen und Kapitälen der Beachtung wert fand, beweist, daß es die antike Kunst als solche gewesen ist, der man nun Interesse abgewann; und daß man selbst Inschriften von ganz belanglosem Inhalt, sofern sie nur offenbar aus der antiken Zeit stammten, zu sammeln und zu registrieren begann, verrät das erwachte historische Interesse. Freilich war dieses neue künstlerisch-historische Interesse zunächst ausschließlich auf Werke der antiken Kulturvölker beschränkt, in denen die Italiener der Renaissancezeit ihre eigenen Vorfahren zu erblicken liebten, was ja auch ihren gleichzeitigen Haß gegen die vermeintlich barbarische Gotik erklärt: und damit ist für eine entwicklungsgeschichtliche Betrachtung die Anknüpfung an die vorangegangene Auffassung der gewollten Denkmale mit ihrer wesentlich bloß patriotischen (staats-, volks-, gemeinde-, familienegoistischen) Bedeutung gegeben. Darüber darf man aber das grundsätzlich Neue nicht verkennen: zum erstenmal sahen wir da Menschen in alten von der eigenen Zeit durch ein Jahrtausend und mehr geschiedenen Werken und Handlungen die Vorstufen der eigenen künstlerischen, kulturellen und politischen Tätigkeit erkennen. Das Interesse, das an den gewollten Denkmalen mit dem Hinwegfall der daran interessierten Generationen zu schwinden pflegte, wurde nun für vorläufig unabsehbare Zeiten dadurch perpetuiert, daß eben ein ganzes großes Volk die alten Taten längst dahingeschwundener Generationen als Stück der eigenen Taten, die einstigen Werke der vermeintlichen Vorfahren als Stück der eigenen Werktätigkeit ansah. So gewann die Vergangenheit einen Gegenwartswert für das moderne Leben und Schaffen. Das historische Interesse war damit bei den Italienern erwacht, wenngleich es sich zunächst bloß auf die (wirkliche oder vermeintliche) Vorgeschichte des eigenen Volkes beschränkte. Diese Beschränkung war damals offenbar noch eine notwendige; das historische Interesse konnte zunächst nicht anders als in der halbegoistischen Form des patriotisch-nationalen Interesses Platz greifen. Es bedurfte noch mehrerer Jahrhunderte, bis es allmählich die moderne Gestalt gewann, in der es heute namentlich bei den germanischen Völkern entgegentritt: des Interesses für alle, auch die geringsten Taten und Geschicke selbst der geringsten, von der eigenen Nation durch unüberbrückbare Charaktergegensätze geschiedenen Völker, des Interesses für die Geschichte der Menschheit überhaupt, in deren jedem einzelnen Individuum wir ein Stück unser selbst wiedererkennen.

Höchst bezeichnenderweise hat nun dieselbe Zeit, die den „Kunst- und historischen Wert" wenigstens der antiken Denkmale entdeckte, auch die ersten Denkmalschutzverordnungen erlassen (besonders wichtig darunter das Breve Pauls III. vom 28. Nov. 1534); da das althergebrachte Recht einen Schutz der ungewollten Denkmale nicht gekannt hatte, fand man sich sofort bemüßigt, die neuentdeckten Werte auch mit besonderen Schutzmaßregeln zu umgeben.

Man darf hiernach mit vollem Rechte sagen, daß in der italienischen Renaissance mit dem Aufkommen einer bewußten Wertschätzung der antiken Denkmale und der Aufstellung von gesetzlichen Maßregeln zu ihrem Schutze eine wirkliche Denkmalpflege im modernen Sinne begonnen hat.

Es ist aber anderseits nötig, sich klarzumachen, daß die Auffassung, welche die Renaissanceitaliener vom Erinnerungswert gehabt haben, sich noch keineswegs mit der unseren vom Anfange des 20. Jahrhunderts deckt. Einerseits war, wie schon gesagt wurde, der genetische Zusammenhang dieser neu aufgekommenen Pflege ungewollter Denkmale mit jener früheren der gewollten Denkmale vermöge der patriotischen Beschränkung auf die Wertschätzung der vermeintlichen Ahnenkunst, der Antike allein, noch ein offenbarer. Anderseits gab es noch keinen Alterswert; höchstens von unklaren Ahnungen eines solchen konnte damals die Rede sein. Aber auch der historische Wert, den die Italiener mit den antiken Denkmalen verknüpften, war noch nicht entfernt der klar erkannte vom Ende des 19. Jahrhunderts; in der Renaissancezeit begann eben jene Scheidung zwischen Kunstwert und historischem Wert, Kunst- und historischen Denkmalen, die, wie vorhin gezeigt wurde, in der Folge bis in das 19. Jahrhundert Geltung bewahren sollte und deren Überwindung erst unseren Tagen vorbehalten geblieben ist. Man schätzte damals einmal die antiken Formen als solche, indem man die Kunst, die sie hervorgebracht hatte, für die einzige und wahre, objektiv-richtige und für ewige Zeiten allgemein gültige ansah, der gegenüber alle übrige Kunst (bis auf die italienische der eigenen Zeit) teils als unvollkommene Vorstufe, teils als barbarische Entstellung galt. Dieser Standpunkt ist streng genommen noch immer ein normativer, autoritativer und daher antik-mittelalterlicher, aber kein historischer im modernen Sinne, denn er anerkennt noch keine Entwicklung. Nichtsdestoweniger hatte die Wertschätzung der Antike seitens der Renaissanceitaliener auch ihre historische Seite, indem sie die Antike für eine Vorstufe der italienischen Renaissance ansahen. An eine entwicklungsgeschichtliche Vorstufe wagte man dabei im allgemeinen freilich noch nicht zu denken, wiewohl es vorgekommen ist, daß man z. B. von Michelangelo behauptete, er hätte mit einzelnen seiner Werke die Antike übertroffen, womit doch schon klipp und klar gesagt scheint, daß auch die antiken Denkmale nicht ewigen, sondern bloß relativen und somit historischen Wert beanspruchen dürfen. Aber der Gedanke, daß die Renaissanceitaliener nach Überwindung einer barbarischen Invasionsperiode sich selbst wiedergefunden und die antike Kunst, die ihnen stets eingeboren geblieben wäre, einfach fortgesetzt hätten, ist zweifellos allein schon ein historischer; denn der Entwicklungsgedanke ist darin bereits insofern eingeschlossen, als den Renaissanceitalienern vermöge ihrer Nationalität gewissermaßen ein innerer naturgesetzlicher Zwang zugeschrieben wurde, der sie zur kulturellen Nachfolge der stammverwandten antiken Völker verpflichtete.

Die Einteilung der ungewollten Denkmale in Kunst- und historische, die wir vom modernen Standpunkte verwerfen mußten, war also vom Standpunkte der italienischen Renaissance eine durchaus berechtigte. Es läßt sich sogar eher sagen, daß der Kunstwert anfänglich der ausschlaggebende gewesen ist und der historische Wert (der einmal gewesenen Einzeltatsache) daneben zunächst noch zurücktrat. Der Entwicklungsprozeß im Denkmalkultus der nächstfolgenden Jahrhunderte bis einschließlich des 18., läßt sich nun kurz dahin definieren, daß parallel mit der steigenden Beteiligung anderer, namentlich auch halb- und ganzgermanischer Völker, die objektive Mustergültigkeit der Antike zwar noch nicht direkt in Abrede gestellt wurde, aber doch gegenüber dem Sinne, in dem sie die Renaissanceitaliener behauptet hatten, durch eine zunehmende Wertschätzung anderer Kunstweisen immer mehr Einschränkung erfuhr. Zu wirklichen Denkmalschutzgesetzen ist es gleichwohl in dieser Zeit nicht gekommen, weil einerseits die antiken Denkmale von der kanonischen Bedeutung, um derentwillen sie einstens die Renaissancepäpste schützen zu müssen geglaubt hatten, allmählich Stück für Stück einbüßten, anderseits die nichtantiken Kunstweisen der Antike gegenüber doch noch nicht so viel Autorität fanden, um ihrerseits eine Schutzforderung darauf begründen zu können.

Das 19. Jahrhundert nennt man nicht mit Unrecht das historische, denn in ungleich höherem Grade als früher und – soweit wir heute zu sehen vermögen – auch später fand es sein Gefallen in der Aufspürung und liebevollen Betrachtung der Einzeltatsache, das heißt der einzelnen menschlichen Handlung in ihrem reinen ursprünglichen Werdezustande. Einen historischen Tatbestand ganz genau zu erfahren, war sein liebstes Bestreben: die darauf abzielenden sogenannten Hilfswissenschaften galten im Grunde gar nicht für Hilfsfächer, sondern es schien sich in ihnen vielmehr die wesentliche Tätigkeit der historischen Forschung überhaupt zu erschöpfen. Die unscheinbarste Erzählung wurde mit Vergnügen gelesen und auf ihre Authenzität untersucht. Das Postulat der Wichtigkeit für die Menschheits-, Volks-, Staaten- und Kirchengeschichte, die früher den historischen Wert bestimmt hatte, kam zwar nicht eingestandenermaßen, wohl aber allmählich so gut wie tatsächlich in Wegfall. Dafür erhob sich mächtig die Kulturgeschichte, für die selbst das Kleinste und just das Kleinste eine Bedeutung haben kann. Diese Bedeutung ruht lediglich in der historischen Überzeugung von der Unersetzlichkeit auch des Kleinsten innerhalb der Entwicklung; um der Entwicklung willen genoß selbst das nach Material, Arbeitsleistung, Zweckbestimmung Geringste noch einen objektiven Wert. Mit der also unvermeidlichen stetigen Verkleinerung dieses objektiven Denkmalwertes mußte aber die Entwicklung selbst, aus welcher eben alle Werte geschöpft waren, gegenüber den einzelnen Denkmalen als solchen stetig an Bedeutung gewinnen. Der historische Wert, der unlösbar am einzelnen klebte, mußte sich allmählich zu einem Entwicklungswerte umgestalten, dem das einzelne als Objekt gleichgültig wurde. Dieser Entwicklungswert ist eben der Alterswert, den wir vorhin kennengelernt haben: er ist sonach das folgerichtige Produkt des ihm in der Ausbildung vier Jahrhunderte vorangegangenen historischen Wertes. Hätte es keinen historischen Wert gegeben, so hätte auch kein Alterswert entstehen können. War

das 19. Jahrhundert dasjenige des historischen Wertes gewesen, so scheint das 20. Jahrhundert dasjenige des Alterswertes werden zu sollen. Einstweilen befinden wir uns aber noch im Stadium des Überganges, das naturgemäß zugleich auch ein Stadium des Kampfes sein muß.
Der ganze geschilderte Prozeß, der vom gewollten Denkmalswert über den historischen Wert schließlich zum Alterswert geführt hat, ist vom allgemeinen Standpunkte betrachtet bloß eine Teilerscheinung der die neuere Zeit durchaus beherrschenden Emanzipation des Individuums, die namentlich seit dem Ende des 18. Jahrhunderts einen gewaltigen Vorstoß gemacht hat und – wenn nicht alles trügt – seit dem Ende des 19. Jahrhunderts mindestens für eine bestimmte Zahl europäischer Kulturvölker an Stelle der uns überkommenen klassischen Grundlagen der Bildung allmählich wesentlich andere zu setzen sich anschickt. Das für diese Wandlung charakteristische, unablässig gesteigerte Bestreben, alles physische und psychische Erleben nicht in seiner objektiven Wesenheit, wie im allgemeinen die früheren Kulturperioden taten, sondern in seiner subjektiven Erscheinung, das heißt in den Wirkungen, die es auf das (sinnlich wahrnehmende oder sich geistig bewußt werdende) Subjekt ausübt, zu erfassen, gelangt in dem skizzierten Wandel des Erinnerungswertes insofern zu deutlichem Ausdrucke, als der historische Wert noch dem einzelnen Ereignis, das dem betrachtenden Subjekt gewissermaßen objektiv gegenübertritt, Interesse abgewinnt, während der Alterswert von der lokalisierten Einzelerscheinung als solcher im Prinzipe bereits vollständig absieht und in jedem Denkmal ohne Ausnahme, das heißt ohne Berücksichtigung seiner spezifischen objektiven Eigenschaften, oder genauer gesagt unter bloßer Berücksichtigung derjenigen Eigenschaften, die auf das Aufgehen des Denkmals in der Allgemeinheit hinweisen (Altersspuren), an Stelle derjenigen, die seine ursprüngliche geschlossene objektive Individualität verraten, lediglich die subjektive Stimmungswirkung schätzt.
Das 19. Jahrhundert hat aber nicht allein die Schätzung des historischen Wertes auf das höchste gesteigert, sondern auch gesetzlichen Schutz dafür einzuführen gesucht. Der Glaube an einen objektiven Kunstkanon, der seit der Renaissance wieder ins Wanken geraten war, weil die vormals dafür in Anspruch genommene Antike sich nicht dauernd zur Behauptung dieses Titels geeignet erwies, wurde nun im 19. Jahrhundert gewissermaßen auf alle Kunstperioden übertragen, woraus sich auch der beispiellose Aufschwung der kunsthistorischen Forschung zu dieser Zeit erklärt. Nach den Anschauungen des 19. Jahrhunderts sollte eben in jeder Kunstweise ein Stück ewigen Kanons stecken; jede verdiente somit ewige Erhaltung ihrer Zeugnisse zu unserer ästhetischen Befriedigung, und ihre Werke mußten daher mit Rücksicht auf

die zahlreichen widerstreitenden Gegenwartswerte mit den Schutzmauern eines Gesetzes umgeben werden. Die Gesetze und Verordnungen des 19. Jahrhunderts waren aber sämtlich der Auffassung angepaßt, daß wir es an den ungewollten Denkmalen (nebst dem vermeintlichen objektiven Kunstwerte) bloß mit einem historischen Werte zu tun haben, und sie mußten sich daher in dem Augenblicke unzulänglich erweisen, als der Alterswert sich zu melden begann.

Im Nachhange zu der gegebenen kurzen Übersicht über die Entwicklung des Denkmalkultus mögen noch einige Erscheinungen zur Sprache gebracht sein, die vielleicht auf den ersten Blick mit den vorstehenden Darlegungen nicht in Einklang gebracht werden könnten.

Wenn wir schon im Altertum einzelnen sicher beglaubigten Beispielen der pietätvollen Erhaltung alter Kunstwerke begegnen, haben wir darin noch keineswegs Symptome eines Kultus ungewollter Denkmale zu erblicken, sondern lediglich den Kultus lebendiger, insbesondere religiöser Vorstellungen, die als solche keinen Erinnerungs- (Denkmals-), sondern einen sehr realen Gegenwartswert besaßen; nicht dem Menschenwerk galt also die Pietät, sondern der Gottheit, die in der vergänglichen Form ihren (vorübergehenden) Wohnsitz genommen hatte. Dieses Anspruchs auf Unvergänglichkeit ihres Gegenwartswertes halber könnte zum Beispiel jede antike Götterstatue schlankweg für ein gewolltes Denkmal angesehen werden, wenn ihr nicht anderseits ein entscheidendes Merkzeichen eines solchen Denkmals überhaupt mangelte: das der Verewigung eines bestimmten Moments, sei es einer einzelnen Tat oder eines einzelnen Geschickes.

Dagegen treffen wir auf einen unleugbaren Kultus alter Kunstwerke um der Kunst allein willen in der beginnenden römischen Kaiserzeit; es ist dies vielleicht die frappanteste unter den zahlreichen Analogien, die diese Zeit zu unserer modernen darbietet. Namentlich Plinius und Petronius haben uns zahlreiche Zeugnisse für die Antiquitätenliebhaberei ihrer Zeit überliefert; auch eine wichtige Begleiterscheinung – die Bevorzugung älterer Kunstwerke auf Kosten der modernen – findet sich übereinstimmend in beiden Perioden. Wir kennen nun die Verhältnisse, aus denen sich die Kunst der werdenden römischen Kaiserzeit unmittelbar herausgebildet hat, heute noch viel zu wenig, um die erwähnte überraschende Erscheinung bereits mit hinlänglicher Klarheit durchschauen zu können. Es fällt aber auf, daß die Liebhaber, nach den uns vorliegenden Berichten, ausschließlich darauf versessen waren, die Werke berühmter Bildhauer und Maler des fünften und vierten vorchristlichen Jahrhunderts zu erlangen. Es kann unmöglich Zufall sein, daß die Sammler nach den übereinstimmenden Aussagen der Quellen sich nicht so sehr als Kunstfreunde, denn als Raritätensammler gebärdeten. Es scheint sich somit um einen Sport einer Anzahl immens reicher Leute gehandelt zu haben, die darauf bedacht waren, neue Werte zu schaffen, um einander in deren Besitze zu übertrumpfen, und der Verfall des altgriechischen Zwölfgötterglaubens mag dazu äußerlich fördernd beigetragen haben. Auch das anscheinend rasche und spurlose Vorübergehen der ganzen Erscheinung, von der bereits im 3. Jahrhundert so gut wie gar nicht mehr die Rede ist, spricht dafür, daß es sich dabei nicht um eine tiefer greifende Bewegung des antiken Geistes gehandelt hat. Daß der Staat eine solche Raritätenbörse nicht mit Gesetzen schützte, ist vollends begreiflich. Daß gleichwohl die Erscheinung in einem bestimmten Zusammenhange mit der allgemeinen Entwicklung der bildenden Kunst am Anfange der Kaiserzeit gestanden haben muß, wird kein Historiker in Abrede stellen; man wird dabei zunächst an die damals neu und mächtig einsetzende optische Aufnahme der Dinge und ihre entsprechende Wiedergabe in der bildenden Kunst denken, die ja rein als solche auch für unsere moderne Zeit charakteristisch ist. Vielleicht wird sich die in Rede stehende Antiquitätenliebhaberei der Römer des 1. und 2. Jahrhunderts n. Chr. nach näherer Untersuchung in der Tat gewissermaßen als ein anachronistischer Vorläufer des modernen Erinnerungswertes herausstellen; jedenfalls hat sich keine weitere Entwicklung daran geknüpft, denn die Völkerwanderungszeit hat alles eher als Pietät für die alte heidnische mit dem Götterglauben tausendfach verquickte Kunst empfunden.

Desgleichen dürfte eine besondere Untersuchung ergeben, daß sich auch der Alterswert bereits lange vor dem Beginne des 20. Jahrhunderts, in welchem er eine maßgebende Kulturpotenz geworden ist, in einzelnen unklaren und bedingten Äußerungen anzukündigen begonnen hat. Aber man muß sich anderseits hüten, dafür Erscheinungen in Anspruch zu nehmen, die nur eine äußere Ähnlichkeit mit dem Kultus des Alterswertes besitzen. Es gilt dies insbesondere vom Ruinenkult, der vorhin auch von uns als ein Beispiel für den modernen Alterswert gewählt worden war, aber anderseits zweifellos bis in das 17. Jahrhundert zurückzuverfolgen ist. Der moderne Ruinenkult ist eben trotz äußerer Übereinstimmung in der Grundtendenz völlig verschieden von jenem früheren, was natürlich einen Zusammenhang in der Entwicklung nicht allein nicht ausschließt, sondern geradezu fordert. Schon daß die Ruinenmaler des 17. Jahrhunderts, und zwar selbst die nationalsten darunter – die Holländer –, fast ausschließlich antike Ruinen verwendeten, beweist, daß ein bestimmtes historisches Moment dabei im Spiele war: alles Römische galt eben damals für das Sinnbild größter irdischer Macht und Herrlichkeit. Das Ruinenhafte sollte dem Beschauer bloß den echt barocken Kontrast zwischen einstiger Größe und jetziger Erniedrigung zum Bewußtsein bringen. Es klingt daraus das Bedauern über den tiefen Fall und somit der Wunsch, das Einstige möchte erhalten geblieben sein: es ist gleichsam ein wollüstiges Wühlen im Schmerz, das den ästhetischen Wert des barocken Pathos ausmacht, wenn auch gelegentlich besänftigt durch die Zutat einer unschuldigen Hirtenidylle. Dem Modernen ist dagegen nichts fremder als ein barockes Empfinden: die Altersspuren wirken auf ihn beruhigend als Zeugnisse des gesetzlichen Naturlaufs, dem alles Menschenwerk sicher und unfehlbar unterworfen ist. Die Zeichen gewaltsamer Zerstörung lassen eine Burgruine sogar verhältnismäßig weniger dazu geeignet erscheinen, eine reine Stimmung des Alterswertes im modernen Beschauer wachzurufen; wenn sie dennoch an früherer Stelle zur Illustrierung des Alterswertes herangezogen wurde, geschah es bloß darum, weil sich aus der Ruine der Alterswert besonders laut und deutlich vernehmbar macht, zu laut freilich, um dem modernen Stimmungsmenschen vollkommene Erlösung zu verschaffen.

Das Verhältnis der Erinnerungswerte zum Denkmalkultus

Wir haben an den Denkmalen drei verschiedene Erinnerungswerte kennengelernt und haben nun zu untersuchen, welche Anforderungen an den Denkmalkultus sich aus der Beschaffenheit jedes einzelnen dieser Werte ergeben. Hierauf werden die übrigen Werte zu betrachten sein, die ein Denkmal dem modernen Menschen darbieten kann; sie lassen sich in ihrer Gesamtheit den Vergangenheits- oder Erinnerungswerten als Gegenwartswerte gegenüberstellen.

Bei der Erörterung der Erinnerungswerte ist der Ausgang natürlich vom Alterswerte zu nehmen, nicht allein weil er der modernste ist und die Zukunft für sich in Anspruch nimmt, sondern namentlich weil er relativ die größte Zahl von Denkmalen aufweist.

Der Alterswert

Der Alterswert eines Denkmals verrät sich auf den ersten Blick durch dessen unmodernes Aussehen. Und zwar beruht dieses unmoderne Aussehen nicht so sehr auf der unmodernen Stilform, denn diese ließe sich ja auch imitieren und ihre richtige Erkenntnis und Beurteilung wäre fast ausschließlich dem verhältnismäßig engen Kreise gelernter Kunsthistoriker vorbehalten, während der Alterswert den Anspruch erhebt, auf die großen Massen zu wirken. Der Gegensatz zur Gegenwart, auf dem der Alterswert beruht, verrät sich vielmehr in einer Unvollkommenheit, einem Mangel an Geschlossenheit, einer Tendenz auf Auflösung der Form und Farbe, welche Eigenschaften denjenigen moderner, das heißt neuentstandener Gebilde schlankweg entgegengesetzt sind.

Alle bildende Tätigkeit der Menschen ist nichts anderes als das Zusammenfassen einer Anzahl in der Natur verstreuter oder formlos in der Allgemeinheit der Natur aufgehender Elemente zu einem geschlossenen, durch Form und Farbe begrenzten Ganzen. In diesem Schaffen verfährt der Mensch genau wie die Natur selbst: beide produzieren begrenzte Individuen. Diesen Geschlossenheitscharakter verlangen wir noch heute unbedingt von jedem modernen Werke. Die Kunstgeschichte lehrt zwar, daß die Entwicklung des menschlichen Kunstwollens zunehmend auf eine Verbindung des einzelnen Kunstwerkes mit seiner Umgebung gerichtet ist, und unsere Zeit erweist sich darin naturgemäß am fortgeschrittensten; aber trotz unserer kapriziösen Cottages, trotz Bildern wie etwa Michettis Tochter des Jorio, wo einer sonst zur Gänze sichtbaren Figur inmitten des Bildes just der Kopf vom Rahmen weggeschnitten ist, bleibt die isolierende Zusammenfassung des Ganzen in gesetzliche Umrißlinien noch heute das unumgängliche Postulat alles bildenden Kunstschaffens; es liegt in dieser Geschlossenheit allein schon ein ästhetisches Moment, ein elementarer Kunstwert, der uns unter der Bezeichnung „Neuheitswert" unter den Gegenwartswerten noch besonders zu beschäftigen haben wird. Mangel an Geschlossenheit würde uns daher an modernen Werken nur mißfallen: wir bauen darum keine Ruinen (außer um sie zu fälschen), und ein neugebautes Haus, dessen Verputz abbröckelt oder verrußt ist, wirkt auf den Beschauer störend, da dieser von einem neuen Hause lückenlose Abschließung in der Form und in der Plychromie verlangt. Am soeben Gewordenen wirken die Symptome des Vergehens nicht stimmungsvoll, sondern verstimmend.

Sobald aber das Individuum (das vom Menschen wie das von der Natur geschaffene) geformt ist, beginnt die zerstörende Tätigkeit der Natur, das ist ihrer mechanischen und chemischen Kräfte, die das Individuum wieder in seine Elemente aufzulösen und mit der amorphen Allnatur zu verbinden trachten. An den Spuren dieser Tätigkeit erkennt man nun, daß ein Denkmal nicht in jüngster Gegenwart, sondern in einer mehr oder minder vergangenen Zeit entstanden ist, und auf der deutlichen Wahrnehmbarkeit seiner Spuren beruht somit der Alterswert eines Denkmals. Das drastischste Beispiel dafür bietet, wie schon gesagt wurde, die Ruine, die aus dem einstmaligen geschlossenen Ganzen einer Burg durch allmähliches Hinwegbrechen größerer tastbarer Teile entstanden ist; weit wirksamer gelangt jedoch der Alterswert durch die minder gewaltsame und mehr optisch als haptisch sinnfällige Wirkung der Zersetzung der Oberfläche (Auswitterung, Patina), ferner der abgewetzten Ecken und Kanten u. dgl. zur Geltung, wodurch sich eine zwar langsame, aber sichere und unaufhaltsame, gesetzliche und daher unwiderstehliche Auflösungsarbeit der Natur verrät.

Das auf dem Alterswert beruhende ästhetische Grundgesetz unserer Zeit läßt sich sonach folgendermaßen formulieren: von der Menschenhand verlangen wir die Herstellung geschlossener Werke als Sinnbilder des notwendigen und gesetzlichen Werdens, von der in der Zeit wirkenden Natur hingegen die Auflösung des Geschlossenen als Sinnbild des ebenso notwendigen und gesetzlichen Vergehens. Am frischen Menschenwerk stören uns die Erscheinungen des Vergehens (vorzeitigen Verfalles) ebenso wie am alten Menschenwerk Erscheinungen frischen Werdens (auffallende Restaurierungen). Es ist vielmehr der reine, gesetzliche Kreislauf des naturgesetzlichen Werdens und Vergehens, dessen ungetrübte Wahrnehmung den modernen Menschen vom Anfange des 20. Jahrhunderts erfreut. Jedes Menschenwerk wird hierbei aufgefaßt gleich einem natürlichen Organismus, in dessen Entwicklung niemand eingreifen darf; der Organismus soll sich frei ausleben und der Mensch darf ihn höchstens vor vorzeitigem Absterben bewahren. So erblickt der moderne Mensch im Denkmal ein Stück seines eigenen Lebens und jeden Eingriff in dasselbe empfindet er ebenso störend wie einen Eingriff in seinen eigenen Organismus. Dem Walten der Natur, auch nach seiner zerstörenden und auflösenden Seite, die als unablässige Erneuerung des Lebens aufgefaßt wird, erscheint das gleiche Recht eingeräumt wie dem schaffenden Walten des Menschen[1]. Was dagegen als mißfällig strengstens vermieden werden soll, ist die willkürliche Durchbrechung jenes Gesetzes, das Übergreifen des Werdens in das Vergehen und umgekehrt, das Hemmen der Naturtätigkeit durch Menschenhand, das uns schier als frevelhaftes Sakrileg dünkt, und das vorzeitige Zerstören menschlichen Schaffens durch die Naturkräfte. Wenn nun vom Standpunkte des Alterswertes das ästhetisch Wirksame am Denkmal die Zeichen des Vergehens, der Auflösung des geschlossenen Menschenwerkes durch die mechanischen und chemischen Kräfte der Natur sind, so ergibt sich daraus, daß der Kultus des Alterswertes an einer Erhaltung des Denkmals in unverändertem Zustande nicht allein kein Interesse hat, sondern eine solche sogar wider sein Intersse finden muß. So wie das Vergehen ein stetiges und unaufhaltsames ist, das Gesetz des Kreislaufes, in dessen Wahrnehmung die eigentliche ästhetische Befriedigung des modernen Beschauers alter Denk-

male zu ruhen scheint, nicht den Stillstand des Erhaltens, sondern die unablässige Bewegung der Veränderung fordert, soll auch das Denkmal selbst der auflösenden Wirkung der Naturkräfte, soweit sich diese in ruhiger, gesetzlicher Stetigkeit und nicht etwa in plötzlicher gewaltsamer Zerstörung vollzieht, nicht entzogen werden, selbst nicht soweit, als dies überhaupt in der Macht des Menschen liegt. Nur eines muß vom Standpunkte des Alterswertes unbedingt vermieden werden: das willkürliche Eingreifen der Menschenhand in den gewordenen Bestand des Denkmals; es darf weder eine Zutat noch eine Verminderung, weder eine Ergänzung des im Laufe der Zeit durch die Naturkräfte Aufgelösten noch eine Hinwegnahme des auf dem gleichen Wege zum Denkmal Hinzugekommenen und seine ursprüngliche geschlossene Form Entstellenden erleiden. Der reine erlösende Eindruck natürlichen gesetzlichen Vergehens darf nicht durch die Beimischung willkürlich aufgepropften Werdens getrübt werden. Der Kultus des Alterswertes verdammt hiernach nicht allein jede gewaltsame Zerstörung des Denkmals durch Menschenhand als frevelhaften Eingriff in die gesetzliche Auflösungstätigkeit der Natur, wodurch er einerseits im Sinne der Erhaltung des Denkmals wirkt, sondern wenigstens im Prinzip auch jede konservierende Tätigkeit, jede Restaurierung als nicht minder unberechtigten Eingriff in das Walten der Naturgesetze, wodurch der Kultus des Alterswertes einer Erhaltung des Denkmals direkt engegenarbeitet. Denn darüber kann man doch nicht im Zweifel sein, daß die ungehemmte Tätigkeit der Naturkräfte schließlich zur gänzlichen Zerstörung des Denkmals führen muß. Es ist wohl richtig, daß die Ruine immer malerischer wird, je mehr Teile davon der Auflösung anheimfallen: ihr Alterswert wird zwar mit fortschreitendem Verfalle ein immer weniger extensiver, das heißt durch immer weniger Teile provozierter, aber dafür ein immer mehr intensiver, das heißt die übrigbleibenden Teile wirken immer eindringlicher auf den Beschauer. Dieser Prozeß hat aber auch seine Grenze; denn wenn endlich die Extensität der Wirkung gänzlich verlorengeht, ist auch kein Substrat für intensive Wirkung mehr übriggeblieben. Ein bloßer formloser Steinhaufen reicht nicht mehr aus, um dem Beschauer einen Alterswert zu gewähren: es muß dazu wenigstens noch eine deutliche Spur von ursprünglicher Form, von ehemaligem Menschenwerk, von einstigem Werden vorhanden sein, während ein Steinhaufen nur mehr einen toten formlosen Splitter der Allnatur ohne Spur lebendigen Werdens darstellt.
So sehen wir den Kultus des Alterswertes an seiner eigenen Zerstörung arbeiten[2]. Seine radikalen Anhänger werden auch gar keinen Protest gegen diese Folgerung erheben. Die auflösende Tätigkeit der Naturkräfte ist erstens eine so langsame, daß selbst jahrtausendalte Denkmale uns mindestens noch für

absehbare Zeit – sagen wir für eine absehbare Dauer dieses Kultus – voraussichtlich erhalten bleiben werden. Dann nimmt ja auch das Werden seinen stetigen und ununterbrochenen Fortgang: was heute modern ist und den Gesetzen alles Werdens entsprechend sich in individueller Geschlossenheit darstellt, wird allmählich zum Denkmal werden und in die Lücke eintreten, welche die in der Zeit waltenden Naturkräfte schließlich unfehlbar in den uns überkommenen Denkmalbestand reißen werden. Vom Standpunkte des Alterswertes muß eben nicht für ewige Erhaltung der Denkmale einstigen Werdens durch menschliche Tätigkeit gesorgt sein, sondern für ewige Schaustellung des Kreislaufes vom Werden und Vergehen, und eine solche bleibt auch dann garantiert, wenn an Stelle der heute existierenden Denkmale künftighin andere getreten sein werden.

Der Alterswert hat nun, wie schon an früherer Stelle angedeutet wurde, vor allen übrigen idealen Werten des Kunstwerkes das eine voraus, daß er den Anspruch erheben zu dürfen glaubt, sich an Alle zu wenden, für Alle ohne Ausnahme gültig zu sein. Er behauptet, nicht allein über den Unterschied der Konfessionen, sondern auch über den Unterschied zwischen Gebildeten und Ungebildeten, Kunstverständigen und Nichtverständigen erhaben zu sein. Und in der Tat sind die Kriterien, an denen man den Alterswert erkennt, in der Regel so einfache, daß sie selbst von Leuten, deren Intellekt sonst gänzlich durch die beständige Sorge um das leibliche Wohl und um die materielle Güterproduktion in Anspruch genommen wird, gewürdigt werden können. Einen alten Kirchturm von einem neuen zu unterscheiden, wird selbst der beschränkteste Landbauer vermögen. Dieser Vorteil des Alterswertes tritt namentlich gegenüber dem historischen Werte deutlich hervor, der auf einer wissenschaftlichen Basis beruht und darum erst auf dem Umwege über verstandesmäßige Reflexion gewonnen werden kann, während der Alterswert unmittelbar auf Grund der oberflächlichsten sinnlichen (optischen) Wahrnehmung sich dem Beschauer offenbart und daher unmittelbar zum Gefühle zu sprechen vermag. Freilich war auch die Wurzel des Alterswertes einst jene wissenschaftliche des historischen Wertes gewesen; aber der Alterswert will eben die endliche Errungenschaft der Wissenschaft für alle bedeuten, was der Verstand erklügelt hat, für das Gefühl nutzbar machen – ähnlich etwa wie das Christentum am Ausgange des Altertums, wenn man es rein historisch im Lichte der menschlichen Vernunft und nicht im Lichte der (natürlich dadurch nicht anzutastenden) göttlichen Offenbarung betrachtet, den bleibenden Kern desjenigen, was namentlich die griechische Philosophie für die denkenden Klassen des Altertums gefunden hatte, den Massen zu ihrer Erlösung verständlich gemacht hat – jenen Massen, die niemals mit Verstandesargumenten, sondern nur mit dem Appell an das Gefühl und dessen Bedürfnisse überzeugt und gewonnen werden können. Dieser Anspruch auf Allgemeingültigkeit ist es nun auch, der die Anhänger des Alterswertes unwiderstehlich dahin treibt, erobernd und unduldsam aufzutreten. Es gibt nach ihrer Überzeugung kein ästhetisches Heil, außer im Alterswert. Von Tausenden längst instinktiv empfundenen, aber in offener Weise anfänglich nur von einer kleinen Gruppe kampflustiger Künstler und Laien propagiert, gewinnt der Alterswert nun täglich mehr Anhänger. Er verdankt dies nicht allein einer rührigen technischen Propaganda, sondern gewiß zum entscheidenden Teile der gemäß der Überzeugung seiner Anhänger in ihm ruhenden Kraft, eine ganze Zukunft zu beherrschen. Eine moderne Denkmalpflege wird daher mit ihm, und zwar in allererster Linie mit ihm, zu rechnen haben, was sie natürlich weder hindern kann noch darf, auch die übrigen Werte eines Denkmals – Erinnerungswerte wie Gegenwartswerte – auf ihre Existenzberechtigung zu prüfen, wo sie eine solche antrifft, den bezüglichen Wert gegen den Alterswert abzuwägen und wo der letztere als der geringere befunden werden sollte, den ersteren zu wahren.

Der historische Wert

Der historische Wert eines Denkmals ruht darin, daß es uns eine ganz bestimmte, gleichsam individuelle Stufe der Entwicklung irgendeines Schaffensgebietes der Menschheit repräsentiert. Von diesem Standpunkte interessieren uns am Denkmal nicht die Spuren der auflösenden Natureinflüsse, die sich in der seit seiner Entstehung verflossenen Zeit geltend gemacht haben, sondern sein einstiges Werden als Menschenwerk. Der historische Wert ist ein um so höherer, in je ungetrübterem Maße sich der ursprüngliche geschlossene Zustand des Denkmals, den es unmittelbar nach seinem Werden besessen hat, offenbart: die Entstellungen und teilweisen Auflösungen sind für den historischen Wert eine störende, unwillkommene Zutat. Es gilt dies in gleichem Maße vom kunsthistorischen wie von jedem kulturhistorischen und naturgemäß erst recht von jedem chronistischen Werte. Daß der Parthenon z. B. uns bloß als Ruine erhalten ist, kann der Historiker lediglich bedauern, ob er ihn nun als Denkmal einer bestimmten Entwicklungsstufe des griechischen Tempelbaues oder der Steinmetzentechnik oder der Kultusvorstellungen und Götterdienste usw. betrachtet. Aufgabe des Historikers ist es, die Lücken, welche die Natureinflüsse im Laufe der Zeit in das ursprüngliche Gebilde

geschlagen, mit allen erreichbaren Hilfsmitteln wiederum auszufüllen. Die Symptome der Auflösung, die dem Alterswerte Hauptsache sind, müssen vom Standpunkte des historischen Wertes mit allen Mitteln beseitigt werden. Nur darf dies nicht am Denkmal selbst geschehen, sondern an einer Kopie oder bloß in Gedanken und Worten. Also auch der historische Wert betrachtet das Originaldenkmal grundsätzlich für unantastbar, aber aus einem ganz anderen Grunde als der Alterswert. Dem historischen Werte handelt es sich nicht darum, die Spuren des Alters, die in der seit der Entstehung verflossenen Zeit durch Natureinflüsse bewirkten Veränderungen zu konservieren, die ihm mindestens gleichgültig, wo nicht unbequem sind; es handelt sich ihm vielmehr darum, eine möglichst unverfälschte Urkunde für eine künftige Ergänzungstätigkeit der kunstgeschichtlichen Forschung aufzubewahren. Alles menschliche Kalkulieren und Ergänzen weiß er dem subjektiven Irrtum ausgesetzt; daher muß die Urkunde als das einzige fest gegebene Objekt möglichst unberührt erhalten bleiben, damit Spätere unsere Ergänzungsversuche kontrollieren und eventuell durch bessere und begründetere ersetzen können. Diese Auffassung gelangt in ihrer grundsätzlichen Verschiedenheit gegenüber jener des Alterswertes sofort zum entschiedensten Ausdruck, wenn die Frage nach der zweckmäßigsten Behandlung eines Denkmals gemäß den Anforderungen des historischen Wertes aufgeworfen wird. Die bisherigen Auflösungen durch die Naturkräfte sind zwar nicht mehr rückgängig zu machen und sollen daher auch vom Standpunkte des historischen Wertes nicht wieder beseitigt werden; aber fernere Auflösungen von heute ab und in der Zukunft, wie sie der Alterswert nicht allein duldet, sondern sogar postuliert, sind vom Standpunkte des historischen Wertes nicht bloß zwecklos, sondern schlankweg zu vermeiden, da jede weitere Auflösung die wissenschaftliche Ergänzung zum ursprünglichen Menschenwerk in seinem Werdezustande erschwert. Der Kultus des historischen Wertes muß hiernach auf die möglichste Erhaltung der Denkmale in dem heutigen überkommenen Zustande bedacht sein und daher zwingend zu der Forderung führen, daß die Menschenhand in den Lauf der natürlichen Entwicklung hemmend eingreife und den normalen Fortgang der Auflösungstätigkeit der Naturkräfte aufhalte, soweit dies eben in menschlicher Macht gelegen ist. So sehen wir die Interessen des Alterswertes und des historischen Wertes, wiewohl beide Erinnerungswerte sind, im entscheidenden Punkte der Denkmalpflege schlankweg auseinandergehen. Wie ist dieser Konflikt zu lösen? Und wenn nicht, welcher von den zwei Werten soll dem anderen geopfert werden?
Wenn wir uns erinnern, daß der Kultus des Alterswertes nichts anderes darstellt als das reife Produkt des jahrhundertelangen Kultus des historischen

Wertes, so möchte man zunächst geneigt sein, den letzteren heute für eine überwundene Phase zu erklären; für die praktische Behandlung der Denkmale würde sich daraus die Folgerung ergeben, daß überall dort, wo ein Konflikt zwischen beiden Erinnerungswerten gegeben wäre, der historische Wert als der antiquiertere zurücktreten müßte. Ist aber die Gültigkeit des historischen Wertes in der Tat schon so gänzlich überwunden? Ist seine Mission, den Vorläufer und Mauerbrecher für den Alterswert abzugeben, wirklich auch nur in der Hauptsache schon beendigt?

Fürs erste werden sich selbst die radikalsten Anhänger des Alterswertes, die heute noch überwiegend den gebildeten Klassen angehören, eingestehen müssen, daß das Wohlgefallen, das sie angesichts eines Denkmals empfinden, nicht allein aus dem Alterswerte entspringt, sondern zu einem guten Teile doch auch noch aus der Befriedigung, die sie daraus schöpfen, das Denkmal einem in ihrem Bewußtsein vorhandenen Stilbegriffe einordnen, als antik oder gotisch oder barock usw. erklären zu können. Das historische Wissen wird ihnen somit noch immer ebenfalls zur ästhetischen Quelle, mit und neben jenem Alterswertsgefühle. Diese Befriedigung ist zwar gewiß keine unmittelbare (das heißt künstlerische), sondern eine wissenschaftlich reflektierte, denn sie setzt kunsthistorische Kenntnisse voraus; aber sie beweist unwiderleglich, daß wir in unserer Schätzung des Alterswertes doch noch nicht so unabhängig geworden sind von der historischen Vorstufe, daß wir der bezüglichen Kenntnisse, das heißt des Interesses für den historischen Wert jetzt bereits völlig entraten könnten. Und wendet man sich heute von den höher Gebildeten zu den Durchschnittsgebildeten, die ja die große Masse der an den idealen Kulturwerten überhaupt Interessierten ausmachen, so begegnet man selbst bei diesen in der Regel einer allgemeinen Teilung der Denkmale in mittelalterliche (antike sind bei uns in Mitteleuropa verhältnismäßig zu selten, um als eine besondere Klasse allgemein anerkannt und beurteilt zu werden), neuzeitliche (Renaissance und Barock) und moderne, was nun wiederum eine wenn auch sehr grobe Orientierung in der Kunstgeschichte zur Voraussetzung hat und neuerdings beweist, daß wir den Alterswert doch noch nicht so reinlich, als es den Bahnbrechern der modernsten Entwicklung als Ziel vorschwebt, vom historischen Werte zu trennen vermögen. Es gelangt dies auch in solchen Erscheinungen zum Ausdrucke, daß wir z. B. den Ruinenzustand an einer mittelalterlichen Burg zutreffender und unserem Stimmungsbegehren entsprechender finden als an einem barocken Palais, das uns für einen solchen Zustand offenbar noch zu jung dünkt. Wir postulieren somit ein bestimmtes Verhältnis zwischen dem Auflösungszustand, in dem sich das Denkmal produziert, und zwischen seinem Alter, was abermals eine bestimmte Kenntnis der wichtigsten Altersphasen, das heißt eine gewisse Summe kunsthistorischen Wissens zur Voraussetzung hat.

Aus alledem geht wenigstens so viel hervor, daß der Erinnerungswert, der nun einmal heute eine der wichtigsten Kulturpotenzen bildet, in seiner absoluten Fassung als Alterswert noch keineswegs allgemein zu solcher Reife gediehen ist, daß wir seiner historischen Fassung bereits völlig entraten können. Der historische Wert, als auf wissenschaftlicher Basis beruhend, vermag freilich ebensowenig jemals die Massen unmittelbar zu gewinnen als die Lehrsätze der Philosophie; aber ähnlich wie dies von der analogen Rolle der Philosophie im Altertum schon an früherer Stelle angedeutet wurde, sehen wir in der neueren Zeit seit vier Jahrhunderten das historische Interesse unablässig und in stets steigendem Maße an der Arbeit, um der Menge die erlösende Bedeutung des Entwicklungsbegriffes zu erschließen, wofür freilich wohl auch im Alterswert die letzte und endgültige Formel noch lang nicht gefunden sein dürfte. Daher der fortlaufende Hunger nach Bildung, die heute durchaus im Zeichen des historischen Entwicklungsbegriffes steht, wiewohl es an Stimmen nicht gebricht, die in der historischen Bildung selbst weder das Ziel der menschlichen Kultur noch das zuverlässigste Mittel, um zu diesem Ziele zu gelangen, erblicken möchten.

Wir haben somit heute noch allen Grund, den Anforderungen der historischen Forschung, das heißt des durch sie befriedigten Bedürfnisses nach historischen Werten, nach Möglichkeit gerecht zu werden und sie dort, wo sie mit den Anforderungen des Alterswertes kollidieren, nicht einfach als quantité négligeable zu behandeln. Denn man würde sonst Gefahr laufen, die höheren Interessen, denen mit der Pflege des Alterswertes gedient sein soll, selbst zu schädigen, wenn man den historischen Wert, dem die moderne Entwicklung und im Zusammenhang mit dieser die Ausbildung des Alterswertes selbst zu danken ist, vorzeitig hintansetzen und vernachlässigen würde.

Glücklicherweise ist nun schon die äußere Veranlassung zu einem Konflikte zwischen Alterswert und historischem Wert in Fragen der praktischen Denkmalpflege weit weniger häufig gegeben, als uns auf den ersten Blick scheinen mochte. Die beiden konkurrierenden Werte stehen nämlich im allgemeinen in umgekehrtem Verhältnisse zueinander; je größer der historische Wert, desto geringer der Alterswert. Durch den historischen Wert als den lauteren, gleichsam objektiv greifbareren und sich darum derber aufdrängenden, wird der intimere Alterswert zurückgedrängt, was sich namentlich in den Fällen, wo es sich um gewollte Denkmale handelt, fast bis zur Unterdrückung des Alterswertes steigert. Der individuelle Moment, den der historische Wert versinnlicht, erscheint dann wichtiger als die Entwicklung selbst; er wirkt, wie alles Individuelle, allzusehr als Gegenwart, um daneben auch die Vergangenheit und Vergänglichkeit, auf deren Bewußtwerden der Alterswert beruht, sich hinreichend vernehmlich machen zu lassen. Angesichts der Ingelheimer Säulen im Heidelberger Schloßhofe denkt jeder so überwiegend an den Palast Karls des Großen, den sie einst geziert hatten, daß die Stimmungswirkung des absoluten Alters dadurch fast vollständig überwuchert wird. In solchem Falle dürfte es nirgends Bedenken unterliegen, wenn die Behandlung des Denkmals entsprechend den Anforderungen des historischen Kultus und nicht denjenigen des Alterskultus gehandhabt würde. Umgekehrt wird in allen Fällen, da der historische („urkundliche") Wert des Denkmals ein geringfügiger ist, sein Alterswert um so einseitiger und mächtiger hervortreten und dann auch die Behandlung des Denkmals entsprechend den Anforderungen des Alterswertes einzurichten sein.

Es ist aber sogar nicht selten die Möglichkeit gegeben, daß der Alterswert selbst den von ihm sonst so grundsätzlich verpönten Eingriff der Menschenhand in den Lebenslauf eines Denkmals fordern muß. Es trifft dies dann zu, wenn das Denkmal einer vorzeitigen Zerstörung durch die Naturkräfte, einer abnorm raschen Auflösung seines Organismus zu verfallen droht. Wenn man z. B. wahrnimmt, daß an einem bisher wohlerhaltenen Fresko an der Außenwand einer Kirche neuerdings jeder Regen einen Teil herunterwäscht, so daß das Fresko unter unseren Augen in kürzester Frist zugrunde zu gehen droht, wird sich heute auch ein Anhänger des Alterswertes der Anbringung eines Schutzdaches über dem Fresko nicht wohl widersetzen können, wenngleich dies zweifellos einen hemmenden Eingriff der modernen Menschenhand in den selbständigen Lauf der Naturkräfte bedeutet. Die vorzeitige Auflösung eines Denkmalsorganismus wirkt eben nicht minder als ein gewaltsamer, ungesetzlicher, unnötiger Eingriff und darum störend, mag er auch nicht vom Menschen, sondern von der Natur selbst ausgehen. Ist ja doch der Mensch selbst nichts anderes als ein Stück Naturkraft, aber allerdings eine besonders gewalttätige, woraus sich auch die Erscheinung erklärt, daß selbst ein gewaltsames Eingreifen des Menschen in ein Denkmalleben auf uns Moderne stimmungsvoll wirken kann, sobald nur hinlänglich lange Zeit seit jenem Eingreifen verstrichen ist (Heidelberger Schloßruine); denn bei der Betrachtung aus übersichtlicher Ferne wird das menschliche Wirken, das sonst in der Nähe betrachtet gewaltsam und störend wirkt, ebenso gesetzlich und notwendig empfunden wie das Naturwirken, als dessen Teil es uns erscheint.

In dem zuerst erwähnten Falle (Erfordernis eines Schutzdaches über einem Fresko) sehen wir also auch den Alterswert nach jener Erhaltung des Denkmals mittels Eingriffes der Menschenhand verlangen, wie sonst im Gegensatz zum Alterswert nur der historische Wert vom Standpunkte seines unabweislichen Bedürfnisses nach Wahrung des urkundlichen Tatbestandes zwingend postuliert; denn der sanftere Eingriff der Menschenhand erscheint dann dem Alterskultus als das geringere Übel gegenüber dem gewalttätigeren der Natur. Die Interessen beider Werte gehen in solchem Falle wenigstens äußerlich Hand in Hand, wiewohl es dem Alterswerte bloß um eine Verlangsamung, dem historischen Werte um eine vollständige Hemmung des Auflösungsprozesses zu tun ist; für die heutige Denkmalpflege bleibt es eben immer die Hauptsache, daß ein Konflikt zwischen beiden Werten zunächst vermieden erscheint.

Wenn somit durchaus nicht bei der Behandlung jedes Denkmals ein Konflikt zwischen Alterswert und historischem Wert gegeben sein muß, so bleibt die Möglichkeit eines Anlasses dazu gleichwohl noch immer häufig genug gegeben, namentlich in den Fällen, da die Werte in ihrer Eindrucksfähigkeit auf den Beschauer einander annähernd die Waage halten. Sie stehen dann einander gegenüber wie ein konservatives und ein radikales Prinzip. Das konservative vertritt der historische Wert, denn dieser will alles erhalten wissen, und zwar alles in seinem heutigen Zustande. Ihm gegenüber befindet sich der Alterswert insofern im Vorteile, als er das praktisch leichter durchführbare, ja im Grunde das einzig wirklich durchführbare Prinzip vertritt. Ewige Erhaltung ist überhaupt nicht möglich; denn die Naturkräfte sind am Ende stärker als aller Menschenwitz, und der Mensch selbst, als Individuum der Natur gegenübergestellt, findet durch sie seine Auflösung. Schärfere Formen wird jedoch der Konflikt kaum jemals in Fragen der Erhaltung durch äußere Maßregeln, worin beide Werte gemäß dem soeben vorhin Gesagten sogar Hand in Hand gehen können, sondern zumeist nur in Fragen der Restaurierung, die mit Veränderung von Form und Farbe verbunden ist, annehmen; denn der Alterswert ist in solchen Fragen ungleich empfindlicher als der historische Wert. Wenn an einem alten Turme einige geborstene Steine entfernt und durch neue ersetzt werden, wird der historische Wert des Turmes keine nennenswerte Einbuße erfahren, da vor allem die ursprüngliche Grundform die gleiche geblieben ist und für die Beurteilung aller historischen Nebenfragen hinlänglich genug Altes beibehalten wurde, so daß die wenigen ausgewechselten Steine dafür so gut wie ganz außer Betracht fallen, während hingegen dem Alterswerte schon diese geringen Zutaten, namentlich wenn sie durch ihre „neue" Farbe (in welcher, als dem relativ-subjektiven Element innerhalb der objektiven Gesamterscheinung jedes Dinges, die moderne Zeit besonders empfindlich ist) aus der Masse des Alten grell herausstechen, im höchsten Maße störend erscheinen können.

Endlich muß festgestellt werden, daß der Kultus des historischen Wertes, wenngleich er bloß dem Originalzustande eines Denkmals vollen urkundlichen Wert einräumt, doch auch der Kopie einen beschränkten Wert zugesteht, falls das Original (die „Urkunde") selbst unrettbar verloren ist. Ein unlösbarer Konflikt mit dem Alterswert wird in solchen Fällen nur dann gegeben sein, wenn die Kopie nicht gewissermaßen als Hilfsapparat für die wissenschaftliche Forschung, sondern als vollwertiger Ersatz für das Original mit Anspruch auf historisch-ästhetische Würdigung auftritt (Markusturm). Solange solche Fälle sich ereignen können, darf der historische Wert noch nicht als überwunden, der Alterswert noch nicht als der allein maßgebende ästhetische Erinnerungswert der Menschheit gelten. Anderseits darf man aus der stetig zunehmenden Ausbildung der kunsttechnischen Reproduktionsmittel die Zuversicht schöpfen, daß in absehbarer Zukunft (namentlich nach Erfindung einer absolut stichhaltigen Farbenphotographie und einer Verbindung derselben mit faksimilemäßigen Formkopien) möglichst vollkommene Ersatzmittel für urkundliche Originale gefunden werden dürften und damit derjenigen Forderung der wissenschaftlichen Geschichtsforschung, die die einzige Quelle eines möglichen Konfliktes mit dem Alterswerte darstellt, wenigstens annähernd Genüge geleistet würde, ohne das Original durch menschliche Eingriffe für den Alterskultus zu entwerten.

Der gewollte Erinnerungswert

Schon der historische Wert hatte gegenüber dem Alterswerte, der die Vergangenheit allein als solche schätzt, die Tendenz gezeigt, einen entwicklungsgeschichtlichen Moment aus der Vergangenheit herauszugreifen und so deutlich vor unsere Augen hinzustellen, als ob er der Gegenwart angehören würde. Der gewollte Erinnerungswert hat überhaupt den von Anbeginn, das heißt von der Errichtung des Denkmals, gesetzten Zweck, einen Moment gewissermaßen niemals zur Vergangenheit werden zu lassen, im Bewußtsein der Nachlebenden stets gegenwärtig und lebendig zu erhalten. Diese dritte Klasse von Erinnerungswerten bildet somit den offenbaren Übergang zu den Gegenwartswerten.

Während der Alterswert ausschließlich auf dem Vergehen begründet ist, der historische Wert zwar das gänzliche Vergehen von heute an aufhalten will, aber ohne das bis zum heutigen Tage stattgehabte Vergehen keine Existenzberechtigung hätte, erhebt der gewollte Erinnerungswert schlankweg den Anspruch auf Unvergänglichkeit, ewige Gegenwart, unaufhörlichen Werdezustand. Die auflösenden Naturkräfte, die der Erfüllung dieses Anspruches entgegenarbeiten, müssen daher eifrig bekämpft, ihre Wirkungen immer wieder von neuem paralysiert werden. Eine Denksäule z. B., deren Inschrift erloschen wäre, würde aufhören, ein gewolltes Denkmal zu sein. Das Grundpostulat der gewollten Denkmale bildet somit die Restaurierung. Der Charakter des gewollten Erinnerungswertes als eines Gegenwartswertes drückt sich ferner auch darin aus, daß er seit jeher durch die Gesetzgebung vor zerstörenden Eingriffen der Menschenhand geschützt gewesen ist. Der Konflikt mit dem Alterswerte ist natürlich in dieser Denkmalklasse von vornherein und unablässig gegeben. Ohne Restaurierung würden die Denkmale alsbald aufhören gewollte zu sein; der Alterswert ist daher von Haus aus der Todfeind des gewollten Erinnerungswertes. Solang die Menschen nicht auf irdische Unsterblichkeit verzichten werden, wird auch der Kultus des Alterswertes an demjenigen des gewollten Erinnerungswertes stets seine unüberwindliche Schranke finden. Dieser unversöhnliche Konflikt zwischen Alterswert und gewolltem Erinnerungswert hat jedoch für die Denkmalpflege weniger Schwierigkeiten im Gefolge, als man auf den ersten Blick annehmen möchte, weil die Anzahl der „gewollten" Denkmale gegenüber der großen Masse der rein ungewollten eine verhältnismäßig geringe ist.

Das Verhältnis der Gegenwartswerte zum Denkmalkultus

Die meisten Denkmale besitzen die Fähigkeit, auch solche sinnliche oder geistige Bedürfnisse von Menschen zu befriedigen, für deren Stillung sich ebensogut (wo nicht noch besser) neue moderne Gebilde eignen würden, und in jener Fähigkeit, bei welcher offenbar die Entstehung in der Vergangenheit und der darauf basierte Erinnerungswert gar nicht in Frage kommt, beruht der Gegenwartswert eines Denkmals. Vom Standpunkte dieses Wertes wird man von vornherein gestimmt sein, das Denkmal nicht für ein solches, sondern gleich einem soeben gewordenen modernen Gebilde anzusehen und daher auch vom (alten) Denkmal die äußere Erscheinung jedes (neuen) Menschenwerks im Werdezustande zu verlangen: das heißt den Eindruck vollständiger Geschlossenheit und Unberührtheit von zerstörenden Natureinflüssen. Symptome dieser letzteren mögen zwar, je nach der Natur des jeweilig in Betracht kommenden Gegenwartswertes, Duldung finden; aber diese wird doch früher oder später auf unüberschreitbare Grenzen stoßen müssen, jenseits welcher der Gegenwartswert unmöglich würde und an denen er sich daher gegen den Alterswert durchzusetzen bemüht sein muß. Die

Behandlung eines Denkmals nach den Grundsätzen des Alterswertkultus, der die Dinge grundsätzlich immer und praktisch in den meisten Fällen ihrem natürlichen Schicksale überlassen möchte, muß unter allen Umständen schließlich zu einem Konflikte mit dem Gegenwartswerte führen, der nur durch die (ganze oder teilweise) Preisgebung eines der beiden Werte beendigt werden kann.

Der Gegenwartswert kann, wie gesagt, aus der Befriedigung sinnlicher oder geistiger Bedürfnisse entspringen; in ersterem Falle sprechen wir von praktischem Gebrauchswerte oder schlankweg Gebrauchswerte, in letzterem vom Kunstwerte. Beim Kunstwerte ist des ferneren zwischen dem elementaren oder Neuheitswerte, der im geschlossenen Charakter eines eben gewordenen Werkes beruht, und dem relativen Kunstwerte, der sich auf die Übereinstimmung mit dem modernen Kunstwollen gründet, zu unterscheiden; danebenher ist auch zu beachten, ob das Denkmal profanen oder kirchlichen Kunstzwecken zu dienen hat.

Der Gebrauchswert

Das physische Leben ist die Vorbedingung jedes psychischen Lebens und insofern wichtiger als dieses, als wohl das physische wenigstens ohne höheres psychisches Leben gedeihen kann, aber nicht umgekehrt. Daher muß z. B. ein altes Gebäude, das heute noch in praktischer Verwendung steht, in solchem Zustande erhalten bleiben, daß es Menschen ohne Gefährdung der Sicherheit ihres Lebens oder ihrer Gesundheit beherbergen kann; jede durch die Naturkräfte gebrochene Lücke in seinen Wänden und der Decke ist sofort zu schließen, das Eindringen der Nässe möglichst hintanzuhalten oder doch zu paralysieren usw. Im allgemeinen wird man also sagen dürfen, daß dem Gebrauchswert die Behandlung, die einem Denkmal zuteil wird, von Haus aus zwar ganz gleichgültig ist, solang nicht an seiner Existenz gerührt wird, daß er aber darüber hinaus absolut keine Konzessionen an den Alterswert machen darf. Nur in den Fällen, wo der Gebrauchswert sich mit dem Neuheitswert kompliziert, muß die Grenze, in welcher dem Alterswert freie Entfaltung gewährt werden kann, noch enger gezogen werden, wovon noch im besonderen die Rede sein wird.

Daß nun unzählige profane und kirchliche Denkmale heute noch die Fähigkeit zu praktischer Verwendung besitzen und auch tatsächlich in Gebrauch stehen, braucht nicht erst bewiesen zu werden. Würden sie diesem Gebrauche entzogen, so müßte dafür in den allermeisten Fällen ein Ersatz geschaffen werden. Diese Forderung ist eine so zwingende, daß die Gegenforderung des Alterswertes, die Denkmale ihrem natürlichen Schicksale zu überlassen, nur dann in Betracht kommen könnte, wenn man für alle diese Denkmale mindestens gleichwertige Ersatzwerke herstellen wollte. Die praktische Realisierung dieser Forderung ist aber doch nur in verhältnismäßig wenigen Ausnahmefällen möglich; denn es erheben sich dagegen ganz und gar unüberwindliche Schwierigkeiten.

Werke, an deren Herstellung viele Jahrhunderte gearbeitet haben, sollen nun mit einem Schlage oder doch in verhältnismäßig kurzer Frist durch neue ersetzt und auf solche Weise die Arbeitskräfte und Kostensummen, zu deren Aufbringung viele Jahrhunderte notwendig waren, nun fast auf einmal aufgeboten werden. Die praktische Unmöglichkeit eines solchen Vorgehens, selbst unter Verteilung auf eine Reihe von Jahren, liegt allzu offen auf der Hand, als daß es nötig wäre, dabei länger zu verweilen. In einzelnen Fällen wird man stets zu diesem Mittel greifen können und gewiß auch danach greifen: aber seine Erhebung zum Prinzip ist schlechterdings ausgeschlossen. Auf solche Weise ist der Gebrauchswert der meisten Denkmale nicht aus der Welt zu schaffen.

Von gleicher Unabwendbarkeit sind anderseits die negativen Anforderungen des Gebrauchswertes, die dann gegeben erscheinen, wenn Rücksichten auf die sinnlichen Bedürfnisse der Menschen die Nichterhaltung eines Denkmals erfordern, z. B. wenn durch die natürliche Auflösung eines Denkmals (etwa eines mit dem Umfallen drohenden Turmes) Leib und Leben von Menschen gefährdet wird. Denn die Rücksicht auf den Wert des leiblichen Wohls überwiegt schließlich ohne Zweifel jede mögliche Rücksicht auf das ideale Bedürfnis des Alterswertes.

Nehmen wir aber nun selbst an, daß für alle gebrauchsfähigen Denkmale wirklich ein moderner Ersatz geschaffen werden könnte, so daß die alten Originale ohne Restaurierung, aber allerdings infolgedessen auch ohne jede praktische Brauchbarkeit und Benutzung ihr natürliches Dasein ausleben dürften, – wäre damit den Anforderungen des Alterswertes tatsächlich in vollem Maße gedient? Die Frage ist nicht allein berechtigt, sondern sogar schlankweg zu verneinen; denn ein wesentlicher Teil jenes lebendigen Spieles der Naturkräfte, dessen Wahrnehmung den Alterswert bedingt, würde mit dem Hinwegfall der Benutzung des Denkmals durch Menschen in unersetzlicher Weise verlorengehen. Wer möchte z. B. im Anblicke des St. Petersdomes zu Rom auf die lebendige Staffage moderner Besucher und Kultverrichtungen verzichten? Ebenso wird selbst der radikalste Anhänger des Alterswertes den Anblick der Brandstätte eines vom Blitz zerstörten Wohnhauses, mögen seine Reste auch auf eine Entstehung des Bauwerkes vor mehreren Jahrhunderten hinweisen, oder der Ruine einer Kirche an belebter Straße mehr störend als stimmungserweckend finden: denn auch hier handelt es sich um Werke, die wir in voller Benutzung durch die Menschen anzutreffen gewöhnt sind und die uns nun störend auffallen, weil sie die uns vertraute Benutzung nicht mehr finden und dadurch den Eindruck einer auch dem Alterswertkultus unerträglichen gewaltsamen Zerstörung hervorbringen. Dagegen entfalten die Reste von Denkmalen, die für uns praktische Bedeutung nicht mehr haben können und an denen wir daher die Betriebsamkeit des Menschen als wirksame Naturkraft nicht vermissen, wie z. B. die Ruinen einer mittelalterlichen Burg in steiler Bergwildnis oder jene eines römischen Tempels selbst in den belebten Straßen von Rom, den vollen unbehinderten Reiz des Alterswertes. Wir sind also nicht so weit, den reinen Maßstab des Alterswertes in vollkommen gleicher Weise an alle Denkmale ohne Wahl anzulegen, sondern wir unterscheiden noch immer, ähnlich wie zwischen älteren und jüngeren, auch mehr oder minder genau zwischen gebrauchsfähigen und gebrauchsunfähigen Werken und berücksichtigen somit wie im ersteren Falle den historischen, so im letzteren den Gebrauchswert mit und neben dem Alterswert. Nur die gebrauchsunfähigen Werke vermögen wir vollständig unbeirrt durch den Gebrauchswert rein vom Standpunkte des Alterswertes zu betrachten und zu genießen, während wir bei den gebrauchsfähigen stets mehr oder minder daran gehindert und gestört werden, wenn sie den uns an derlei Werken gewohnten Gegenwartswert nicht entfalten. Es ist der gleiche moderne Geist, aus welchem die bekannte Agitation gegen die prisons d'art hervorgegangen ist; denn noch energischer als der historische Wert muß sich der Alterswert gegen die Herausreißung eines Denkmals aus seinem bisherigen, gewissermaßen organischen Zusammenhange und seine Einsperrung in Museen wenden, wiewohl es gerade in diesen der Notwendigkeit einer Restaurierung am sichersten überhoben wäre.

Wenn nun also die fortdauernde praktische Benutzung eines Denkmals auch für den Alterswert ihre große und öfters schlankweg unentbehrliche Bedeutung besitzt, wird dadurch die Möglichkeit eines Konfliktes zwischen dem Alters- und dem Gebrauchswerte, der uns vor kurzem noch unvermeidlich erschien, wiederum ganz wesentlich eingeengt. An den bei uns relativ seltenen Werken aus der Antike und dem früheren Mittelalter kann ein solcher Konflikt sich wohl überhaupt nicht leicht entzünden, weil diese Werke bis auf geringe Ausnahmen der praktischen Benutzbarkeit ohnehin längst entzogen sind. An Werken der neueren Zeit hingegen wird wiederum umgekehrt der Kultus des Alterswertes unschwer jene Konzessionen an die Instandhaltung gewähren, die es eben ermöglichen sollten, diesen Denkmalen die auch vom Standpunkte des Alterswertes so erwünschte Eignung zu menschlicher Zirkulation und Manipulation zu erhalten. Die Möglichkeit eines Konfliktes zwischen Gebrauchswert und Alterswert ist somit am ehesten an solchen Denkmalen gegeben, die an der Scheidegrenze zwischen benutzbaren und unbenutzbaren, mittelalterlichen und neuzeitlichen liegen, und in solchen Fällen wird wohl zumeist demjenigen Werte der Sieg zufallen, dessen Anforderungen durch die parallelen anderer Werte unterstützt werden.

Die Behandlung eines Denkmals im Falle eines Konfliktes zwischen Gebrauchswert und historischem Wert braucht hier nicht im besonderen untersucht zu werden, weil in solchem Falle ohnehin ein Konflikt mit dem Alterswerte bereits an und für sich gegeben ist; nur wird sich der historische Wert vermöge seiner geringeren Sprödigkeit den Anforderungen des Gebrauchswertes leichter anzuschmiegen vermögen.

Der Kunstwert

Jedes Denkmal besitzt für uns gemäß der modernen Auffassung nur so weit einen Kunstwert, als es den Anforderungen des modernen Kunstwollens entspricht. Diese Anforderungen sind nun von zweierlei Art. Die erste teilt der moderne Kunstwert mit demjenigen der früheren Kunstperioden, insofern als auch jedes moderne Kunstwerk als ein eben gewordenes sich als ein geschlossenes, weder in Form noch in Farbe in Auflösung geratenes darstellen muß. Mit anderen Worten: jedes neue Werk besitzt um dieser Neuheit allein willen bereits einen Kunstwert, den man den elementaren Kunstwert oder kurzweg Neuheitswert nennen darf. Die zweite Anforderung, in welcher sich nicht das Verbindende, sondern das Trennende des modernen Kunstwollens gegenüber den früheren Arten des Kunstwollens offenbart, betrifft die spezifische Beschaffenheit des Denkmals in Auffassung, Form und Farbe; man wird dafür am besten die Bezeichnung „relativer Kunstwert" gebrauchen dürfen, weil diese Anforderung ihrem Inhalte nach nichts Objektives, Bleibend-Gültiges darstellt, sondern in beständigem Wechsel begriffen ist. Es ist von vornherein klar, daß ein Denkmal keiner der beiden Anforderungen vollkommen entsprechen kann.

Der Neuheitswert

Da jedes Denkmal je nach seinem Alter und der Gunst oder Ungunst anderer Umstände in höherem oder minderem Maße die auflösende Wirkung der Natureinflüsse erfahren haben muß, ist die Geschlossenheit in Form und Farbe, welche der Neuheitswert fordert, dem Denkmal schlankweg unerreichbar. Dies ist auch der Grund, weshalb man durch alle Zeiten und vielfach selbst bis auf den heutigen Tag auffallend gealterte Kunstwerke als mehr oder minder unbefriedigend für das jeweils moderne Kunstwollen angesehen hat. Die Folgerung liegt auf der Hand: soll ein Denkmal, das Spuren der Auflösung an sich trägt, dem modernen Wollen der erwähnten Art zusagen, dann muß es vor allem der Spuren des Alters entledigt werden und durch allseitigen Abschluß in Form und Farbe wieder den Neuheitscharakter des eben Gewordenen gewinnen. Der Neuheitswert kann somit nur auf eine Weise erhalten werden, die dem Kultus des Alterswertes schlechterdings widerspricht.

Hier eröffnet sich also die Möglichkeit eines Konfliktes mit dem Alterswert, der alle früher zur Sprache gebrachten Konflikte an Schärfe und Unversöhnlichkeit übertrifft. Der Neuheitswert ist in der Tat der formidabelste Gegner des Alterswertes.

Die Abgeschlossenheit des Neuen, frisch Gewordenen, die sich in dem einfachsten Kriterium – ungebrochener Form und reiner Polychromie – äußert, kann von jedermann beurteilt werden, wenn er auch jeglicher Bildung bar ist. Daher ist seit jeher der Neuheitswert der Kunstwert der großen Massen der Minder- und Ungebildeten gewesen, wogegen der relative Kunstwert wenigstens seit dem Beginne der neueren Zeit nur von den ästhetisch Gebildeten gewürdigt werden konnte. Die Menge hat seit jeher dasjenige erfreut, was sich offenkundig für neu gab; sie begehrte somit allezeit an den Werken der Menschenhand bloß das schöpferische siegreiche Wirken der Menschenkraft und nicht das zerstörende Wirken der dem Menschenwerk feindlichen Naturkraft zu sehen. Nur das Neue und Ganze ist nach den Anschauungen der Menge schön; das Alte, Fragmentierte, Verfärbte ist häßlich. Diese jahrtausendalte Anschauung, wonach der Jugend ein unbezweifelter Vorzug vor dem Alter zukomme, hat so tiefe Wurzeln geschlagen, daß sie unmöglich in einigen Jahrzehnten ausgerottet werden kann. Daß man eine abgeschlagene Möbelkante durch eine neue ersetzt und einen geschwärzten Mauerverputz herabschlägt und mit einem frischen vertauscht, erscheint noch der Mehrzahl moderner Menschen als so selbstverständlich, daß der große Widerstand, auf den die Apostel des Alterswertes bei ihrem ersten Auftreten gestoßen sind,

von dieser Seite her seine verständlichste Erklärung findet. Aber noch mehr, die ganze Denkmalpflege des 19. Jahrhunderts basierte zu einem wesentlichen Teile auf dieser traditionellen Anschauung, genauer gesagt, auf einer innigen Verschmelzung des Neuheitswertes mit dem historischen Werte: jede auffallende Spur der Auflösung durch die Naturkräfte sollte beseitigt, das Lückenhafte, Fragmentarische ergänzt, ein geschlossenes einheitliches Ganzes wiederhergestellt werden. Die Wiedereinsetzung der Urkunde in den ursprünglichen Werdezustand war im 19. Jahrhundert das offen eingestandene und mit Eifer propagierte Ziel aller rationellen Denkmalpflege. Erst das Aufkommen des Alterswertes gegen Ende des 19. Jahrhunderts erzeugte den Widerspruch und die Kämpfe, die wir seit einer Reihe von Jahren fast auf allen Punkten, wo es Denkmale zu schützen gibt, beobachten können. Der Gegensatz zwischen Neuheitswert und Alterswert steht hierbei durchaus im Mittelpunkt der Kontroverse, die gegenwärtig teilweise in den schärfsten Formen um die Denkmalbehandlung geführt wird. Der Neuheitswert ist der beatus possidens, der aus einem jahrtausendealten Besitz verdrängt werden soll; der Alterswert ist sich dessen wohl bewußt und scheut daher keine Mittel und Waffen, um den erbgesessenen Gegner zu überwinden. Wo es sich um Denkmale handelt, die keinen Gebrauchswert mehr besitzen, ist es auch dem Alterswerte bereits überwiegend gelungen, seine Prinzipien der Denkmalbehandlung durchzusetzen. Anders steht es aber dort, wo zugleich die Anforderungen des Gebrauchswertes mitspielen: denn alles im Gebrauch Stehende will auch heute noch in den Augen der großen Mehrzahl jung und kräftig, im Werdezustande erscheinen und die Spuren des Alters, der Auflösung, des Versagens der Kräfte verleugnen.
Ferner gibt es unter den profanen Denkmalen (von den kirchlichen wird diesbezüglich noch die Rede sein) solche, an denen schon die Würde des Eigentümers – das Dekorum, wie man zu sagen pflegt – die reinliche Beseitigung der Auflösungsspuren verlangt; denn Würde bedeutet ja nichts anders als Selbstbehauptung, Abgeschlossenheit gegenüber der Umgebung. Man denke nur, in welcher Weise z. B. die Verwahrlosung eines hochadeligen Schlosses oder eines anspruchsvollen Regierungspalastes, etwa durch Abfall oder Fleckigwerden des Verputzes, das Ansehen des Eigentümers in den Augen der Menge schädigen müßte.
Wir scheinen da also vor einem hoffnungslosen Konflikt zu stehen: auf der einen Seite sehen wir die Wertschätzung des Alten um seiner selbst willen, die alles Erneuern des Alten grundsätzlich verdammt, auf der anderen die Wertschätzung des Neuen um seiner selbst willen, die alle Altersspuren als störend und mißfällig zu beseitigen trachtet. Die Unmittelbarkeit, mit welcher der

Neuheitswert auf die Menge zu wirken vermag und welche die an früherer Stelle auch für den Alterswert in Anspruch genommene Unmittelbarkeit wenigstens heute noch weit übertrifft, ferner die jahrtausendealte, ja, soweit wir in der Menschengeschichte zurückzublicken vermögen, immerwährende Geltung, deren sich der Neuheitswert bisher zu erfreuen gehabt hat und die ihm begreiflicherweise von seiten seiner Anhänger den Anspruch auf absolute und ewige Gültigkeit eingetragen hat, machen wenigstens vorläufig seine Position zu einer nahezu unangreifbaren. Gerade von diesem Standpunkte aus wird es klar, wie sehr der Kultus des Alterswertes heute noch der mauerbrechenden Vorarbeit des historischen Wertes bedarf. Es müssen noch viel breitere Gesellschaftsklassen für den Kultus des historischen Wertes gewonnen werden, bevor mit ihrer Hilfe die große Menge für den Kultus des Alterswertes reif sein wird. Wo der Alterswert auf den Neuheitswert eines Denkmals von fortdauerndem Gebrauchswert stößt, wird er nicht allein aus praktischen Rücksichten (des Gebrauchswertes, wovon schon im vorigen Kapitel die Rede gewesen war), sondern auch aus idealen (elementaren Kunst-) Rücksichten sich mit dem Neuheitswerte so gut es geht abzufinden trachten müssen. Glücklicherweise ist ihm diese Aufgabe heute noch nicht so sehr erschwert, als es auf den ersten Blick vielleicht scheinen mag. Erstens wird die Existenzberechtigung des Neuheitswertes an und für sich auch durch den Kultus des Alterswertes durchaus nicht negiert: nur den Denkmalen, das heißt den Werken von einem bestimmten Erinnerungswert, wird sie abgesprochen, den frisch gewordenen neuen Werken hingegen nicht allein ausdrücklich zugebilligt, sondern heute sogar schärfer und einseitiger als in den letztvergangenen Jahrzehnten dafür in Anspruch genommen. Die moderne Anschauung verlangt für das neugewordene Menschenwerk nicht allein eine tadellose Geschlossenheit in Form und Farbe, sondern auch im Stil, das heißt, das moderne Werk soll auch in der Auffassung und in der Detailbehandlung von Form und Farbe möglichst wenig an ältere Werke erinnern. Es drückt sich darin freilich die unverkennbare Tendenz aus, Neuheitswert und Alterswert möglichst strenge voneinander zu trennen; aber in der Anerkennung des Neuheitswertes als einer ästhetischen Großmacht liegt allein schon die Möglichkeit eines Kompromisses, sobald die sonstigen Umstände dafür günstig liegen. Und auch an solchen mangelt es keineswegs.

Es wurde schon früher dargelegt, daß zu den in auflösender Richtung lebendig wirkenden Naturkräften wenigstens bei nicht ganz alten, an und für sich heute noch gebrauchsfähigen Denkmalgattungen, auch die menschliche Betriebstätigkeit zu zählen ist. Die betreibende Menschenkraft fungiert hierbei nicht willkürlich und gewaltsam, sondern gewissermaßen gesetzmäßig; die

Inbetriebsetzung des Werkes durch die Menschenkraft bedeutet somit eine zwar langsame, aber stetige und daher unaufhaltsame Abnützung und Auflösung des Werkes. So erklärt es sich, warum ein Denkmal, das wir sonst im Gebrauch stehend zu sehen pflegen, z. B. ein Wohnpalast an belebter Straße, im Zustande der Nichtbenutzung und Verlassenheit den peinlichen Eindruck gewaltsamer Zerstörung bereitet: es erscheint uns dadurch älter, als es verdiente[3]. Aus diesem Grunde fanden wir den Kultus des Alterswertes in die zwingende Lage versetzt, mindestens gebrauchsfähige Denkmale der neueren Zeit in einem Zustande erhalten zu müssen, der ihnen die Fortdauer ihres Gebrauchswertes garantierte. Dem praktischen Gebrauchswerte entspricht auch nach der ästhetischen Seite der Neuheitswert: um seiner willen muß sich somit der Kultus des Alterswertes, wenigstens auf der heutigen Stufe seiner Entwicklung, mindestens an neuzeitlichen und gebrauchsfähigen Werken auch ein bestimmtes Maß an Neuheitswert gefallen lassen. Wenn z. B. an einem gotischen Rathause an auffallender Stelle die Krönung eines Baldachins weggebrochen wäre, würde es der Kultus des Alterswertes zwar gewiß am liebsten bei der unangetasteten Beibehaltung dieser Altersspur bewenden lassen, aber heute doch kaum wesentliche Schwierigkeiten erheben, wenn der Neuheitswert im Namen des Dekorums die Beseitigung der störenden Lücke und die Ergänzung der Krönung in der (zweifellos sichergestellten) ursprünglichen Form forderte. Die heftigen Kontroversen, die zwischen den Anhängern beider Werte geführt wurden, knüpfen sich vielmehr an eine weitere Schlußfolgerung, die man im 19. Jahrhundert aus dem Neuheitswerte zugunsten des historischen Wertes gezogen hatte.

Sie betrifft Denkmale, die sich nicht gänzlich in der ursprünglichen Anlage erhalten, sondern im Laufe der Zeit verschiedene stilistische Änderungen durch Menschenhand erfahren haben. Da der historische Wert in der klaren Erkenntnis des ursprünglichen Zustandes beruht, so lag zur Zeit, als der Kultus des historischen Wertes um seiner selbst willen noch der maßgebendste gewesen war, das Bestreben nahe, alle späteren Veränderungen zu beseitigen (Reinigung, Freilegung) und die durch die letzteren verdrängt gewesenen ursprünglichen Formen wiederherzustellen, ob sie nun genau überliefert waren oder nicht; denn selbst ein dem Ursprünglichen nur Ähnliches, wenn es auch moderne Erfindung war, schien dem Kultus des historischen Wertes doch noch befriedigender als die zwar echte, aber stilfremde frühere Zutat. Mit diesem Bestreben des historischen verband sich der Kultus des Neuheitswertes insofern, als das Ursprüngliche, das man wiederherstellen wollte, als solches auch ein geschlossenes Aussehen zeigen sollte und als man jede nicht dem ursprünglichen Stile angehörige Zutat als eine Durchbrechung der Geschlossenheit, ein Symptom der Auflösung empfand. Es ergab sich daraus das Postulat der Stileinheit, das schließlich dazu geführt hat, selbst solche Teile, die ursprünglich gar nicht vorhanden gewesen und erst in einer späteren Stilperiode ganz neu hinzugefügt worden waren, nicht allein zu beseitigen, sondern auch in einer dem Stile des ursprünglichen Denkmals angepaßten Form zu erneuern. Man kann füglich sagen, daß auf den Postulaten der Stilursprünglichkeit (historischer Wert) und Stileinheit (Neuheitswert) die Denkmalbehandlung des 19. Jahrhunderts ganz wesentlich beruht hat. Dieses System mußte auch den stärksten Widerspruch erfahren, als der Kultus des Alterswertes aufkam, dem es weder um die Stilursprünglichkeit noch um die Geschlossenheit, sondern im Gegenteil um die Durchbrechungen beider zu tun ist. In diesem Falle handelte es sich dem Alterswertkultus nicht mehr um notgedrungene Konzessionen an den Gebrauchswert und den ihm nach der ästhetischen Seite entsprechenden Neuheitswert, um für dieses Opfer ein Denkmal in lebendigem Gebrauche zu erhalten, sondern um eine Preisgebung fast alles desjenigen am Denkmal, was seinen Alterswert überhaupt ausmacht. Das wäre mit einer Kapitulation des Alterswertes gleichbedeutend gewesen, und um diese zu vermeiden, haben die Anhänger des Alterswertes den erbittertsten Kampf gegen das frühere System eröffnet. Ein solcher Kampf hat stets Übertreibungen nach der entgegengesetzten Seite im Gefolge und der klare Einblick in die Sachlage wird dadurch verwirrt, weil namentlich infolge der Übertreibungen der Neuerer manches Berechtigte im alten System, das auch das neue nicht wird preisgeben können und nur dermalen in der Hitze des Kampfes zugleich mit dem wirklich Unhaltbaren befehdet, dem Parteilosen, durch die Neuerungspropaganda gefährdet erscheinen kann und dadurch auch dem wirklich Unhaltbaren des alten Systems ein unverdienter Rückhalt verschafft wird. Tatsächlich hat sich aber das durch den unaufhaltsamen Wandel der Anschauungen heute schon vollauf Berechtigte des Alterswertkultus allmählich bereits von selbst Bahn gebrochen. Ein Beispiel dafür möge statt vieler genügen. Vor acht Jahren wurde beschlossen, den noch gar nicht baufälligen barocken Chor der Pfarrkirche zu Altmünster zu demolieren und durch einen gotischen zu ersetzen und so eine Stileinheit mit dem gotischen Langhaus herbeizuführen. Vor vier Jahren wurde, allerdings aus finanziellen Gründen, auf diese Herstellung eines gotischen Chores von sehr zweifelhaftem historischen Werte, aber unbestreitbarem Neuheitswerte verzichtet. Heute sind wohl alle Anhänger des alten und neuen Systems darin einig, daß die Beseitigung des Herberstorfschen Chores, mit dem der denkwürdige Bewältiger der reformierten Bauern auch in künstlerischer Beziehung die Gegenreformation in Oberösterreich eingeführt hat, eine unverzeihliche Versündigung nicht allein gegen den Alterswert, sondern auch gegen den historischen Wert gewesen wäre. Das Postulat der Stileinheit erscheint mit dieser zwar neuen, aber allgemein geteilten Anschauung sogar an einem kirchlichen Denkmal (an denen die Schwierigkeiten aus sofort zu erörternden Gründen noch verstärkte sind) im Stiche gelassen und die Kluft mindestens zwischen den Denkenden unter den Anhängern des alten Systems und den Besonnenen unter den Neuerern tatsächlich dort überbrückt, wo sie bisher am weitesten geklafft hatte.

Was im vorstehenden vom Neuheitswerte gesagt wurde, gilt im allgemeinen sowohl von profanen als von kirchlichen Denkmalen; es muß jedoch dem Verhältnisse der katholischen Kirche[4] zum Kultus des Neuheitswertes von vornherein eine besondere Wichtigkeit beigemessen werden, weil es da nicht, wie an den profanen Denkmalen, gewissermaßen in die Hand jedes einzelnen Denkmalbesitzers gelegt ist, in welcher Weise er sein Denkmal behandelt sehen will, sondern die stramm hierarchische Verfassung der Kirche selbst auf diesem dem Dogma fernabliegenden Gebiete eine einheitliche Behandlung ermöglicht und auch in der Tat vielfach anstrebt und durchführt.

In der Wurzel sind zwar religiöse und profane Kunst eins und dasselbe und bis zum Beginne der neueren Zeit hat es überhaupt keinen prinzipiellen Unterschied zwischen profaner und religiöser Kunst gegeben. Seit der Reformation trachtete der Katholizismus, die relative Einheit zwischen beiden, die der Protestantismus schlankweg preisgegeben hat, fortdauernd aufrechtzuerhalten; doch ist der Zwiespalt von da an selbst bei den romanischen Völkern allmählich immer offenbarer geworden, bis er seit dem 19. Jahrhundert anscheinend ein unüberbrückbarer geworden ist. In das 20. Jahrhundert sind wir endlich unter Verhältnissen eingetreten, daß ein nach den leitenden Prinzipien der modernen Kunst gemaltes Bild religiösen Themas, z.B. von Fritz von Uhde, unmöglich zu katholischen Andachtszwecken dienen könnte. Denn in solchen Bildern erscheint z.B. Christus als moderner Mensch aufgefaßt, der seine Erlösung gewissermaßen durch sich selbst vollzieht, während nach der kirchlichen Auffassung dazu der übernatürliche Christus und in seiner Stellvertretung die Kirche als Mittlerin unumgänglich notwendig ist. Ebensowenig dürfen die Heiligenfiguren der kirchlichen Skulptur und Malerei schlankweg mit uns Beschauern identifiziert werden, sondern müssen eine objektive selbständige geschlossene Existenz verraten. Schon die Auffassung Rembrandts, der das Göttliche im Menschen suchte und demgemäß zur drastischen Anschauung brachte, vermag dem Katholizismus nicht zu genügen, und die Modernen sind darin über Rembrandt weit hinausgegangen. Das Normative, das alles kirchliche Wesen und somit auch die kirchliche

Kunst zwingend fordert, scheint eben mit dem willkürlichen Subjektivismus des modernen Stimmungsmenschen unvereinbar. Nichtsdestoweniger wäre es weit gefehlt, ein Zusammengehen von Katholizismus und moderner Kunst für ausgeschlossen zu halten, und allein schon in dem Umstande, daß die Kirche nach wie vor an der Berechtigung, ja Notwendigkeit einer kirchlichen Kunst festhält, liegt ein ermunterndes Symptom. Ohne Kämpfe und Konflikte, Suchen und Irren wurde aber niemals für große weltbewegende Probleme eine Lösung gefunden.

Ähnlich liegt nun die Frage nach dem Verhalten der katholischen Kirche gegenüber dem Neuheitswerte und dem ihm gegensätzlichen Alterswerte. Der Neuheitswert, der auf profanem Gebiete ein vorläufig wenigstens unvertilgbares ästhetisches Postulat der Menge bildet, ist auf religiösem Gebiete nicht allein durch die Anhänglichkeit der Menge, sondern auch durch gebrauchsweise gewissermaßen geheiligte Grundanschauungen geschützt und daher hier zunächst noch schwieriger zu umgehen als dort. Kirchen, Statuen der hl. Personen oder der Heiligen, Bilder der hl. Geschichten stehen in Beziehungen zum göttlichen Erlöser und repräsentieren daher das Würdigste, was von Menschenhänden überhaupt geschaffen werden kann. Wenn also irgendwo am Menschenwerke, erscheint hier die Rücksicht auf das Dekorum geboten, und dieses verlangt eben, wie schon genügend hervorgehoben wurde, reinliche Abschließung in Form und Farbe. Der Gegensatz zwischen Alterswert und Neuheitswert erscheint somit auf religiösem Gebiete, das durch die tiefsten und unwiderstehlichsten Empfindungen der Menschenseele beherrscht wird, auf den ersten Blick als ein unüberbrückbarer. Man wird aber trotzdem die Hoffnung auf eine gewisse Aussöhnung auch dieser Gegensätze nicht sinken zu lassen brauchen. Denn erstens ist die Schätzung des Neuheitswertes, so sehr sie den Grundanschauungen der katholischen Kirche von der Superiorität des Menschen als des Ebenbildes Gottes über alle Natur entspricht, doch nirgends dogmatisch festgelegt; es handelt sich also dabei nur um eine zeitliche Einrichtung, welche die Kirche in Zukunft (wie so oft schon früher in der kunstgeschichtlichen Entwicklung) ändern kann, wenn sie es für notwendig und ihren Interessen mit Bezug auf die erwünschte Übereinstimmung mit den Gläubigen ersprießlich befinden sollte. Sodann ist in den Grundlagen des Katholizismus selbst tausendfach der Keim zu einem Kultus des Erinnerungswertes enthalten: man denke nur einerseits an die Heiligenverehrung und die zahlreichen Gedächtnistage, anderseits an den eifrigen und stetig wachsenden Betrieb der Kirchengeschichte (als deren Denkmal jedes einzelne Werk der kirchlichen Kunst gelten darf). Es handelt sich hierbei freilich zunächst nur um historische Werte; aber nachdem wir in diesen die notwendigen Vorläufer und Bahnbrecher des Alterswertes erkannt haben, ist die Hoffnung nicht unberechtigt, daß die katholische Kirche, wie so oft im Laufe ihres fast zweitausendjährigen Bestandes, so auch diesmal den entsprechenden Kompromiß mit den übrigen leitenden geistigen Strömungen der Zeit finden wird. Liegt doch dem Alterswert ein echt christliches Prinzip zugrunde: jenes der demütigen Schickung in den Willen des Allmächtigen, dem sich der ohnmächtige Mensch nicht frevelhaft vermessen soll in den Arm zu fallen.

Ein günstiges Symptom in der Richtung auf eine mögliche Versöhnung ist der bereits wiederholt bemerkte Umstand, daß die Kirche bei der Behandlung ihrer städtischen Denkmale auf den Alterswert bereits weitgehende Rücksicht nimmt, da sie die entsprechenden Empfindungen der überwiegend den gebildeten Kreisen angehörigen städtischen Gläubigen schonen will; sie glaubt also mit dieser Schonung kein Lebensinteresse der Kirche zu verletzen. Die hartnäckigste Anhängerschaft findet dagegen der Neuheitswert um seiner selbst willen unter den Angehörigen des Landklerus, der damit gewiß mindestens ebensoviel den elementaren Kunstempfindungen seiner zum größten Teil wenig gebildeten Gemeindeangehörigen als den hergebrachten Gepflogenheiten der kirchlichen Kunstbehandlung entgegenzukommen vermeint. Die nächste Aufgabe wird es daher sein, den Landklerus von der bisherigen Überschätzung des Neuheitswertes zurückzubringen; andererseits wird auch der Kultus des Alterswertes bereit sein müssen, den kirchlichen Anforderungen in bezug auf den Neuheitswert mindestens so weit entgegenzukommen, als er dies schon der Erhaltung der Denkmale in dem auch von ihm geforderten Gebrauchswerte halber tun muß.

Der relative Kunstwert

Auf dem relativen Kunstwert beruht die Möglichkeit, daß Werke früherer Generationen nicht allein als Zeugnisse der Überwindung der Natur durch die schöpferische Menschenkraft, sondern auch hinsichtlich der ihnen spezifisch eigentümlichen Auffassung, Form und Farbe gewürdigt werden können. Wenn es nämlich vom Standpunkte der modernen Auffassung, wonach es keinen objektiv-gültigen Kunstkanon gibt, das Normale scheint, daß ein Denkmal für den jeweils modernen Menschen keinen Kunstwert besitzen könne, und zwar um so weniger, je älter es ist, ein je größerer Zeit- und Entwicklungsabstand es vom Modernen trennt, so lehrt die Erfahrung, daß wir Kunstwerke, die vor vielen Jahrhunderten entstanden sind, öfters höher bewerten als moderne – ja, daß mitunter gerade solche Denkmale, die zu ihrer Zeit wenig Gefallen und sogar lebhaften Widerspruch erfahren haben (wofür namentlich die holländische Malerei des 17. Jahrhunderts zahlreiche Beispiele liefert), uns Modernen als die höchste Offenbarung der bildenden Kunst erscheinen. Vor etwa dreißig Jahren hatte man für diese Erscheinung noch eine einfache Erklärung: man glaubte damals noch an die Existenz eines absoluten Kunstwertes, so schwierig man es auch fand, seine Kriterien genau zu formulieren, und erklärte sich die höhere Bewertung älterer Denkmale auf die Weise, daß eben jene früheren Zeiten in ihrem Kunstschaffen dem absoluten Kunstwert nähergekommen seien, als dies die modernen Künstler trotz aller Anstrengungen vermögen. Am Anfange des 20. Jahrhunderts sind wir überwiegend bereits zu der Überzeugung gelangt, daß es einen solchen absoluten Kunstwert nicht gibt, und daß es daher eine pure Einbildung ist, wenn wir uns in jenen Fällen der „Rettung" früherer Meister die Rolle gerechterer Richter vindizieren, als es die Zeitgenossen der „verkannten" Meister gewesen wären. Daß wir alte Kunstwerke mitunter höher als moderne bewerten, muß also aus einem anderen Grunde als am Maßstabe eines fiktiven absoluten Kunstwertes erklärt werden. Es können immer nur einzelne Seiten sein, die das alte Kunstwerk mit dem modernen Kunstwollen gemein hat; daneben müssen aber immer gewisse andere Seiten am alten Kunstwerk vorhanden sein, die von dem modernen Kunstwollen differieren; denn es wird ja vorausgesetzt, daß das alte Kunstwollen mit dem heutigen unmöglich völlig identisch sein kann, und diese Differenz muß sich eben in gewissen Zügen verraten. Daß diese letzteren uns unsympathischen Seiten uns nicht den Gesamteindruck verderben, ist – wie schon an früherer Stelle angedeutet wurde – nur auf die Weise zu erklären, daß die uns sympathischen Seiten am Kunstwerk so stark und nachdrücklich zur Geltung gelangen, daß die unsympathischen dadurch überwunden und besiegt erscheinen. Unter solchen Umständen gewinnt gerade das Vorhandensein solcher Züge in der Auffassung, Form und Farbe eines Denkmals, die dem heutigen Kunstwollen nicht entsprechen, selbst in unseren Tagen, da man sich allgemein zur Losung „Jeder Zeit ihre Kunst" bekennt, eine so hohe Bedeutung für eine gesteigerte Wertschätzung der übrigen, sympathischen Seiten desselben Denkmals, wie sie ein moderner Künstler, der eben nur über die unserem Kunstwollen entsprechenden Mittel verfügt, niemals erreichen kann. Es ist überhaupt eine Zeit gar nicht abzusehen, die von der Überzeugung erfüllt, durch die bildende Kunst ästhetische Erlösung finden zu können, der Denkmale vergangener Kunstperioden entraten könnte: man denke sich bloß die Bildwerke der Antike und die Gemälde des 15. bis 17. Jahrhunderts aus unserem Kulturschatze hinweg und berechne sich, um wieviel wir dadurch mit Bezug auf die Fähigkeit zur Stillung unseres modernen Kunstbedürfnisses ärmer werden würden. Daran wird auch durch die Erkenntnis nichts geändert, daß dasjenige, was wir auf die gedachte Weise aus den alten Kunstwerken unserem modernen Kunstwollen Zusagendes herauslesen, freilich kunsthistorisch nichts weniger als richtig ist, weil die alten Künstler beim Schaffen dieser Denkmale von einem ganz anderen Kunstwollen geleitet gewesen waren als wir Modernen.

Während wir also die Frage, ob das Denkmal einen Neuheitswert, das heißt einen in der Geschlossenheit des Werdezustandes beruhenden Kunstwert besitzen könne, im allgemeinen schlankweg verneinen mußten, ist die zweite mögliche Art des Gegenwarts-Kunstwertes – der relative Kunstwert – dem Denkmal als solchem von vornherein keineswegs abzusprechen. Dabei wird man zweckmäßig zwischen einer positiven und einer negativen Wertung zu unterscheiden haben.

Ist der relative Kunstwert ein positiver, gewährt also das Denkmal mit einigen seiner Auffassungs-, Form- und Farbenqualitäten unserem modernen Kunstwollen Befriedigung, dann folgt daraus zwingend der Wunsch, es nicht weiter in dieser Bedeutung schwächen zu lassen, was der Fall wäre, wenn man es, den Anforderungen des Alterswertes gemäß, der natürlichen Auflösung durch die Naturkräfte preisgäbe. Ja, noch mehr: man kann sich sogar bewogen fühlen, den bisherigen Naturprozeß gewissermaßen rückgängig zu machen und die Altersspuren zu entfernen (Reinigen eines Bildes), das Denkmal in seinen ursprünglichen Werdezustand zurückzuversetzen, sobald man nur hinlänglichen Grund zur Annahme hat, daß das Denkmal in seinem ursprünglichen, nicht gealterten Zustande unserem Kunstwollen in namhaft höherem Grade entsprechen würde, als in dem uns vorliegenden natürlich veränderten Zustande. Der positive Fall des relativen Kunstwertes wird somit in der Regel seine Erhaltung im heute überkommenen Zustande, manchmal aber sogar eine Restauratio in integrum verlangen und dadurch schlankweg in Widerspruch zu den Anforderungen des Alterswertes treten.

Dieser Fall gewinnt eine besondere Pikanterie durch den Umstand, daß wir da zwei modernste ästhetische Anschauungen miteinander in Konflikt geraten sehen: der relative Kunstwert, als mit dem modernen Kunstwollen identisch, vertritt hierbei gegenüber dem Alterswert gewissermaßen einen Neuheitswert (natürlich nicht den im vorigen Kapitel erörterten elementaren). Wir dürfen gespannt darauf sein, welcher Wert die Oberhand behalten wird. Denken wir uns nun z. B. ein Bild von Botticelli mit barocken Übermalungen versehen, die ja in ihrer Zeit zweifellos mit guter künstlerischer Absicht angebracht worden sind (um das trockene Quattrocentobild mehr ins Malerische zu wenden), so müssen die Übermalungen für uns einen Alterswert (denn vor geraumer Zeit geschehene Zutaten von Menschenhand wirken heute gleich gesetzmäßigen Natureinflüssen), ja sogar einen historischen Wert besitzen. Nichtsdestoweniger wird man sich heute wohl nirgends besinnen, die Übermalungen zu entfernen, um den reinen Botticelli herzustellen (freizulegen): dies geschieht gewiß nicht allein aus kunsthistorischem Interesse (um den für die Entwicklung der italienischen Kunst bedeutenden Quattrocentomeister in einem für seine eigene Entwicklung bedeutenden Werke möglichst klar zu erkennen), sondern ganz wesentlich auch aus künstlerischem, weil die Zeichnung und Farbengebung Botticellis unserem augenblicklichen eigenen Kunstwollen besser entspricht als eine italienisch-barocke Zeichnung und Färbung. Das Neugewordene, das moderne Menschenwerk im alten Kunstwerk (das daneben natürlich auch sehr Veraltetes zur Schau trägt) erweist sich somit auch hier noch immer als das Stärkere gegenüber den Ausdrucksformen des Alters, der Vergänglichkeit, dem durch seine Gesetzlichkeit allmächtigen Naturlaufe.

Weit geringer ist die Gefahr eines Konfliktes mit dem Alterswerte, die von seiten einer negativen Fassung des relativen Kunstwertes droht. Sie bedeutet nicht etwa bloß Wertlosigkeit, Gleichgültigkeit für das moderne Kunstwollen, sondern geradewegs Anstößigkeit für dieses. Denn die Wertlosigkeit würde bloß einen unendlich geringen positiven Wert darstellen und daher die Behandlung des Denkmals für die Anforderungen des Alterswertes völlig freigeben. Die Anstößigkeit, Stilwidrigkeit, Häßlichkeit eines Denkmals vom Standpunkte des modernen Kunstwollens führt aber direkt zur Forderung nach Beseitigung, absichtlicher Zerstörung desselben. So gilt namentlich von manchen barocken Denkmalen noch heute (wiewohl sich darin seit zwanzig Jahren unsere Anschauung sehr gemäßigt hat), daß wir sie „nicht ausstehen können" und „lieber nicht sehen möchten". Durch diese Forderung einer Beschleunigung der Auflösung des Denkmals durch Menschenhand wird aber den Anforderungen des Alterswertes genau in der gleichen Weise zuwidergehandelt, als durch eine künstliche Verzögerung der Auflösung infolge einer Restaurierung. Freilich dürfte es sich heute bloß selten ereignen, daß ein Denkmal lediglich aus Gründen seines relativen Kunstwertes (oder, genauer gesagt, Kunstunwertes) zerstört würde; man wird aber in der Denkmalpflege auch diesen negativen Fall des relativen Kunstwertes nicht außer Betracht lassen dürfen, und zwar schon darum nicht, weil er beim Hinzutreten eines weiteren Konfliktes mit einem anderen Gegenwartswerte (dem Gebrauchs- oder Neuheitswerte) am selben Denkmal wesentlich dazu beitragen kann, eine Entscheidung zuungunsten des Alterswertes herbeizuführen.

Wenn das Moderne im Alten den relativen Kunstwert ausmacht, so gerät man in nicht geringe Verlegenheit, wenn man die Frage beantworten soll, worin denn der relative Kunstwert der kirchlichen Denkmale (natürlich vom Standpunkte der kirchlichen Auffassung, denn für die profane gibt es zwischen kirchlichen und profanen Denkmalen keinen Unterschied) beruht? Denn es ist doch dafür eine Vorbedingung, daß eine offenbare und zielbewußte moderne kirchliche Kunst vorhanden ist, deren Absichten man dann in alten Kunstwerken zu einem Teile berücksichtigt findet. Gibt es aber eine moderne kirchliche Kunst? Insofern allerdings gewiß, als tagtäglich nicht wenig für kirchliche Zwecke gebaut, gemeißelt und gemalt wird. In diesen modernen kirchlichen Kunstwerken schlagen aber in der Regel aus älteren Stilperioden geschöpfte Elemente dermaßen vor, daß dadurch der moderne Kern oft bis zur Unkenntlichkeit überwuchert erscheint. Ein solcher Kern ist zwar über jeden Zweifel hinaus vorhanden; denn man erkennt das moderne kirchliche Kunstwerk auf den ersten Blick als ein nicht-altes, und zwar nicht allein an der Neuheit, die sich namentlich in der äußeren Färbung verrät, sondern auch an ganz unverkennbaren, wenn auch schwer mit Worten auszudrückenden, weil mehr der unbewußten Empfindung sich mitteilenden Unterschieden in der Auffassung und den Formverhältnissen gegenüber den alten Vorbildern. Es muß aber sofort ein Mißverständnis bekämpft werden, das man möglicherweise aus dem erwähnten antiquarischen Grundcharakter der modernen kirchlichen Kunst abzuleiten versucht sein könnte: die Schlußfolgerung nämlich, daß diese Vorliebe für vergangene Stilarten dem Kultus des Alterswertes oder auch nur des historischen Wertes besonders förderlich gewesen wäre. Die Kirche interessiert vielmehr das Vergängliche im Grunde gar nicht, bis auf den heutigen Tag. Wenn es nicht wenige Angehörige des katholischen Klerus gibt, die sich mit Pietät und mit anerkennenswertem Erfolg dem Kultus des historischen Wertes gewidmet haben, so ist dies höchstens ein Beweis dafür, daß die Kirche durch diesen Kultus keines ihrer Lebensinteressen verletzt findet; aber den Kultus der vergänglichen Dinge, ja der Vergänglichkeit selbstbewußt und beflissen zu fördern, hat die Kirche bisher als gänzlich außerhalb ihrer positiven Interessen liegend betrachtet. Sie schätzt an den alten Kunstwerken wohl den Stil und die Auffassung, nicht aber die alte Form und Farbe als solche; um des Neuheitswertes willen sieht sie vielmehr am liebsten ein kirchliches Werk ganz neu aufgeführt, allerdings unter Verwendung alter Stilausdrücke. Es wird jedoch dabei unter den vorhandenen historischen Stilen eine sehr charakteristische Auswahl getroffen. Seit dem Aufkommen der Romantik, das heißt seitdem der Kultus des historischen Wertes überhaupt in seine letzte größte und entscheidendste Phase eingetreten ist, behaupteten in der kirchlichen Kunst die mittelalterlichen Stile und darunter insbesondere die uns aus zahllosen Denkmalen vertraute Gotik überwiegend den Vorrang. Der Grund dafür kann kaum zweifelhaft sein: in Wahrnehmung der Entfremdung, die zuletzt zwischen kirchlicher und profaner Kunst Platz gegriffen hatte, lehnte sich die kirchliche Kunst vertrauensvoll an die Stile jener Zeiten an, in denen es zwischen kirchlicher und profaner Kunst noch keine Scheidung gegeben hatte. Diese Vorliebe für das Mittelalterliche und namentlich für das Gotische hatte eine Erscheinung im Gefolge, die man mit dem relativen Kunstwerte der profanen Denkmale wenigstens in Parallele setzen, wenn auch nicht schlankweg identifizieren kann. Noch heute werden die zuständigen Behörden fast täglich durch Projekte in Anspruch genommen, welche die Freilegung eines barock verbauten gotischen Portals oder eines vermauerten Maßwerkes, die Änderung eines barocken Zwiebeldaches in einen gotischen Helm, einer barocken Deckenmalerei in einen Sternenhimmel zum Gegenstande haben. Bei dieser Erscheinung ist gewiß die Renovierungssucht, die dem Neuheitswert Rechnung trägt, in sehr maßgebender Weise im Spiele; es kann aber doch nicht zufällig sein, daß es in der Regel just gotische oder noch ältere Werke sind, die man der hinzugekommenen Altersspuren entkleiden will. Daß kein vitales Kultusinteresse der Kirche dabei in Frage kommt, beweisen schon die zahlreichen Fälle, in denen seit Jahren einzelne Geistliche dagegen Stellung genommen haben; auch kann man in dieser Beziehung eine ähnliche Beobachtung machen, wie sie schon gelegentlich der Erörterung des Neuheitswertes zur Sprache gebracht worden war: daß die Tendenz auf Regotisierung der Denkmale hauptsächlich von der Landgeistlichkeit betrieben wird, während die Stadtgeistlichkeit sich dagegen zurückhaltender und in einzelnen Fällen sogar ablehnend verhält.

Dieser nun einmal gewiß aus tieferen Gründen vorhandenen Vorliebe für die mittelalterlichen Stile sollte man bei neuen Werken völlig freien Lauf lassen; denn ein Keim zu einer selbständigen und wirklich modernen kirchlichen Kunst ist selbst in solchen gotisierenden Werken vorhanden und die Selbstbestimmung der Kirche sollte man nirgends auch nur dem Scheine nach antasten, wo nicht wirkliche, vitale Kulturinteressen der Allgemeinheit damit in Kollision kommen. Je größer aber die Freiheit wäre, mit der die Kirche ihre Neigungen für die mittelalterlichen (sowie natürlich auch alle beliebigen anderen) Stile in neuen Kunstwerken bestätigen könnte, desto eindringlicher sollte man bei ihren Vertretern darauf hinwirken, daß an den Denkmalen kirchlicher Kunst, deren Anblick heute schon einer unendlich weit über die jeweilige Pfarrgemeinde hinausreichenden Menge zu erlösender Freude gereicht und deren Behandlung daher weit- und tiefgreifende Interessen der allgemeinen Öffentlichkeit berührt, der Alterswert gebührende Berücksichtigung fände.

Anmerkungen

1 Andere charakteristische Züge des modernen Kulturlebens, insbesondere der germanischen Völker, die auf den gleichen Ursprung wie der Alterswert zurückweisen, sind die Tierschutzbestrebungen, ferner der landschaftliche Sinn überhaupt, der sich bereits gelegentlich nicht allein bis zur Schonung einzelner Pflanzen und ganzer Wälder, sondern bis zur Forderung gesetzlichen Schutzes für „Naturdenkmale" und damit zur Einbeziehung selbst anorganischer Stoffmassen in den Kreis der schutzbedürftigen Individuen gesteigert hat.
2 Natürlich liegt dem Kultus des Alterswertes nichts ferner, als diese Zerstörung beschleunigen zu wollen. Er betrachtet keineswegs, wie es vielleicht den Anschein haben möchte, die Ruine als Endzweck, sondern zieht an ihrer Stelle gewiß etwa eine wohlerhaltene mittelalterliche Burganlage vor; denn wenn die Erinnerungswirkung dieser letzteren allerdings weniger intensiv ist als jene der Ruine, so ist sie dafür eine um so extensivere und macht durch die Fülle und Mannigfaltigkeit der durch sie gebotenen Altersspuren jenen Mangel reichlich wett, indem sie zwar ein Menschenwerk in geringerem Auflösungszustande, aber dafür mehr Menschenwerk im Zustande der Auflösung zeigt.
3 Umgekehrt fühlen sich manche im Gebrauch eines ganz neuen Werkes, z. B. neuer Kleider, anfangs geniert („ein neuer Schlüssel paßt schlecht"), was durchaus nicht allein auf das anfängliche Vorhandensein praktischer Widerstände, sondern ganz besonders auch auf eine ästhetische Befangenheit zurückzuführen ist.
4 Da die Anschauungen und Verfassungen der übrigen in Österreich vorhandenen Kirchen jene Schwierigkeiten, auf welche die Denkmalpflege bei der katholischen Kirche manchmal stößt, nicht gewärtigen lassen, dürfen sich unsere Ausführungen über kirchliche Kunst und Denkmalpflege auf das Verhältnis der katholischen Kirche zu den bezüglichen Fragen beschränken.

3 Georg Dehio:
Denkmalschutz und Denkmalpflege im neunzehnten Jahrhundert

Hochansehnliche Festversammlung!

Der Tag des Kaisers ist gekommen, und wie alljährlich haben wir uns vereinigt, ihn festlich zu begehen. Das Arbeitsleben der Gegenwart gönnt sich selten Unterbrechungen. Die Zahl der Feste, die wir feiern, hat sich gegen die Unersättlichkeit früherer Zeiten sehr verringert; noch mehr die Stimmung und Begabung, solchen erhöhten Momenten unseres Daseins künstlerische Gestalt zu geben. *Ein* neues Fest doch haben wir uns geschaffen: Das Fest des Deutschen Kaisers! Lange bevor dieses Fest möglich wurde, als ein allgemeines, politisches, haben Akademien und Universitäten die Feier des landesväterlichen Geburtstages als ein Ehrenvorrecht sich gesichert. Und dieser Tradition verdanken wir es, daß wir, die akademische Korporation und die jungen Komilitonen, den Kaiserlichen Statthalter und die Häupter des Heeres, der Landesverwaltung, der Kirchen und der Stadt alljährlich hier als Gäste begrüßen dürfen, um mit ihnen vereinigt Seiner Majestät unsere Glückwünsche in Ehrfurcht und herzlicher Wärme entgegenzubringen.
Was wir von festlichen Formen dieser hohen Versammlung anbieten können, bleibt in den Grenzen unseres Berufes. Wir müssen unsere Gäste bitten, es sich gefallen zu lassen, daß einer aus unserer Mitte vortritt, redend, zu erkennen gebend, daß auch in der Enge der einzelnen Werkstatt bei uns gearbeitet wird im Gedanken an die Gesamtheit. So entlegen und verborgen alltags diese Werkstatt sein mag, wenn nur ein Weg von ihr zum Mittelpunkt hinführt, so können wir sicher sein, auf diesem Wege der Gestalt unseres Kaisers zu begegnen. Er glaubt nicht wahrhaft Kaiser sein zu können, ohne auch als Mensch das Leben seines Volkes menschlich mitzuleben, mitbewegt von jeder Bewegung, von jedem Streben und Widerstreben. In der Jahrtausende alten Reihe fürstlicher Mäzene ist er ein neuer Typus. Die Art, wie er persönliche Teilnahme an den Problemen der heutigen Kunst und Wissenschaft mit seinem staatlichen Pflichtgefühl verbindet, wird einem künftigen Historiker zu Betrachtungen eigenartigsten Interesses Anlaß geben. Wir wissen, wie sehr ihm insonderheit die Pflege der Kunst- und Altertumsdenkmäler unseres

Vaterlandes am Herzen liegt. Es ist ein Gebiet, auf dem Theorie und Praxis noch keinen vollen Ausgleich gefunden haben, wo noch viele Probleme zu lösen sind. So erlauben Sie mir, heute von diesen Problemen auf Grund der schon hinter uns liegenden Erfahrungen zu sprechen; zu sprechen von *Denkmalschutz und Denkmalpflege im 19. Jahrhundert.*

Ich weiß nicht genau anzugeben, wann das Wort „Denkmalpflege" zuerst bei uns aufgetaucht ist. Älter als 25 Jahre wird es kaum sein. In der Sprache der Wissenschaft und im Gebrauch der Verwaltungen ist es jetzt rezipiert; in der Sprache des täglichen Lebens versteht man unter Denkmälern wohl in erster Linie nur solche Werke, die in der Absicht errichtet sind, bestimmte Erinnerungen, am häufigsten die Erinnerung an Personen, festzuhalten. *Der Begriff des Denkmals,* den die Denkmalpflege im Auge hat, geht erheblich weiter: er umfaßt, um es kurz zu sagen, alles, was wir sonst wohl auch mit dem Doppelnamen „Kunst- und Alterum" zu bezeichnen pflegten. Diese Definition ist keine vollkommene, aber als Grundlage für die heutige Erörterung mag sie genügen, indem sie die aus ästhetischen und historischen Merkmalen gemischte Doppelnatur des Objektes wohl erkennen läßt.

Das in der Denkmalpflege angegriffene Problem ist ein Teil des großen und allgemeinen: *Wie kann die Menschheit die geistigen Werte, die sie hervorbringt, sich dauernd erhalten?* Es wäre wahrlich ein schöner Gedanke: fortlaufende, verlustlose Aneinanderreihung dieser Werte zu einem stetig anwachsenden Kapital. Die Wirklichkeit der Dinge sieht *nicht* danach aus. Zunächst verändert sich schon von Geschlecht zu Geschlecht die subjektive Aufnahmefähigkeit. Es ist sicher, daß Phidias oder Giotto auf uns anders wirken, als sie auf ihre Zeitgenossen gewirkt haben, und ebenso sicher, daß man in fünfhundert Jahren Goethe nicht mehr ganz verstehen wird. Verlusten dieser Art durch Verfeinerung des historischen Sensoriums entgegenzuwirken ist eine Hauptaufgabe der Geschichtswissenschaft. Eine zweite Gefahr für die Fortexistenz geistiger Werte liegt in ihrer Bindung an materielle Substrate. Offenbar sehr ungleich sind hier die Aussichten. Um nur im Gebiete der Künste zu bleiben: Untergang der Werke Goethes oder Beethovens ist nicht vorauszusehen, es wäre denn, daß vorher ungeheure Kulturkatastrophen einträten. Dagegen ist es völlig gewiß, daß wir die Werke Raphaels schon heute nur in sehr abgeschwächter Form besitzen, und daß die Zeit nicht allzu ferne ist, wo man sie nur aus Kopien kennen wird. Das Schicksal hat die Werke der bildenden Kunst nicht gut gestellt.

Und eiliger noch als die Naturgewalten haben es die Menschen selbst mit ihrer Vernichtung. Die Baukunst zerstört die Baukunst. So war es immer und man nahm es hin, wie eine Naturnotwendigkeit.

Wäre nun aber nicht möglich, durch planmäßig und gesellschaftlich geübten Schutz den zerstörenden Mächten entgegenzutreten und damit die Daseinsdauer unseres Kunst- und Denkmälerschatzes um eine gute Frist wenigstens zu verlängern? Der Gedanke ist in Wahrheit nicht älter als das 19. Jahrhundert und trägt durchaus dessen geistiges Gepräge an der Stirn. Er gehört in die Reihe der von der großen Revolution hervorgerufenen Gegenwirkungen. Das 19. Jahrhundert kam zu ihm nicht durch ein neues Wissen, sondern durch eine neue Gesinnung.

Zerstörung der Werke älterer Kunstepochen ist nicht ohne weiteres ein Zeichen von Barbarei; es kann auch die Folge überströmender Schaffenslust einer sich selbstvertrauenden Gegenwart sein. Das 16., 17., 18. Jahrhundert betrachteten es als ihr gutes Recht, Altes zu beseitigen, wenn für sie ein Neues, in ihrem Sinne selbstverständlich zugleich ein Besseres, Raum schaffen wollten. Wieviel alte Kunst so zugrunde gegangen ist, ist nicht zu ermessen. Aber immer trat ein Neues an ihre Stelle. Der großen Revolution erst war es vorbehalten zu zerstören aus Grundsatz, zu Ehren der Aufklärung und zur Evidentmachung des Rechtes der Lebenden. Die Geschichte unseres Münsters ist typisch für beide Epochen. Die herrliche Innenausstattung aus dem Jahrhundert Erwins, die das Reformationsjahr 1524 zum größten Teil noch geschont hatte, wurde 1681 bei der Katholisierung, durch barockes Mobiliar, das damals für besonders katholisch galt, ersetzt. Und im Herbst 1793 wurden auf Befehl des vom Konvent eingesetzten Bürgermeisters Monet binnen 3 Tagen 235 Statuen, wie das amtliche Protokoll mit Genugtuung feststellt, in Stücke geschlagen; der Münsterturm selbst sollte abgetragen werden. An ungezählten Kirchen Frankreichs wiederholten sich diese Orgien des Vernunftsfanatismus. Mehrere der allerersten Bauwerke, wie die Abteikirchen zu Cluny und S. Martin in Tours, wurden dem Erdboden gleichgemacht.

Leider haben die Grundsätze der Revolution sie selbst weit überdauert. Unter dem Kaiserreich, unter den hergestellten Bourbonen, in den deutschen Rheinbundstaaten – überall blieben in der Behandlung der Denkmäler die rohesten und niedrigsten Nützlichkeitserwägungen in Kraft. Als typisches Beispiel diene die Geschichte der Abtei Schwarzach unweit Würzburg. Kirche und Klostergebäude waren erst fünfzig Jahre vor der Säkularisation neu aufgebaut worden, eine der vornehmsten Schöpfungen Balthasar Neumanns, den wir heute zu den größten deutschen Baukünstlern aller Zeiten rechnen, geschmückt mit Deckengemälden Tiepolos. Die neue bayerische Verwaltung wollte die Unterhaltungskosten der kleinen Dorfgemeinde zuschieben; die Gemeinde wehrte sich; endlich wurde man einig, die Prachtbauten abzubrechen und ihre Steine als Chausseematerial zu zerklopfen; das wurde langsam und bedächtig ausgeführt von 1820-30. Ungefähr nach diesem Muster ging es ungezählten anderen. Verlassene Burgen und Kirchen als Steinbrüche den Umwohnern preiszugeben, war bis ins 19. Jahrhundert eine verbreitete Sitte, wie es z. b. das Niedermünster am Odilienberg erfahren mußte, dessen in Schutt versunkene Reste wir in den letzten Jahren wieder ausgegraben haben. Der englisch-hannoverschen Regierung genügte ein Angebot von 1505 Talern, um den Abbruch des unlängst erst, unter der kurzen preußischen Verwaltung, ausgebesserten Doms von Goslar zu beschließen. Glücklich noch die, die würdig befunden wurden, eine Fabrik oder eine Strafanstalt aufzunehmen.

Man kann ungefähr die 1830er Jahre als die Zeitgrenze ansehen, um welche der von Obrigkeits wegen betriebene Denkmalsfrevel aufhörte als eine gute Verwaltungsmaxime zu gelten. Er stand schon längst im Widerspruch, man kann nicht sagen mit der Volksmeinung, aber mit der Meinung aller Gebildeten.

Es war ein Verdienst der Revolution, daß sie die Menschen über die Irrtümer der Weltanschauung, aus der sie hervorgegangen war, gründlich aufklärte. Der Glaube an die Aufklärungsideale schwand, das 19. Jahrhundert vertraute sich einem neuen Geiste an, dem *historischen* Geiste. Der trat mit völlig veränderten Maßstäben an die Wertung der Dinge heran. Er durchdrang alle Wissenschaften, ihm unterwarf sich auch die Kunst – ich will hier nicht fragen, ob zu ihrem Glück. Herrliche Entdeckerfreuden hat unter seiner Führung das 19. Jahrhundert erlebt. Es ist nicht zu sagen, um wieviel das Weltbild an Tiefe der Perspektive gewann. Man war beglückt, wenn man im Gegenwärtigen ein fortlebendes Altes nachweisen konnte. Man forschte nach Altertümern der Sprache, nach Altertümern des Rechts, nach Altertümern der Sitte; wie sollten da nicht – allen, freilich sehr fest gewurzelten, ästhetischen Vorurteilen zum Trotz – auch die Altertümer der Kunst an die Reihe kommen, sie, die über wichtige Regionen der innersten Volksgeschichte Auskünfte zu geben hatten, wie sie in keiner anderen Quelle zu finden wären. Dies ist der Ursprung der Denkmalpflege. Ohne die Dichter der Romantik, die Gelehrten der historischen Schule wäre sie niemals möglich geworden, wie sie durch diese zur Notwendigkeit wurde. Im Laufe ihrer weiteren, sich abklärenden Entwicklung hat die Denkmalpflege Mühe genug gehabt, mehr noch als irgendeine andere der historischen Disziplinen, ihre Mitgift romantischer Illusionen wieder abzustoßen; ja sie ist bis auf den heutigen Tag noch nicht völlig von ihnen befreit; vergessen wollen wir nie, woher die Grundgesinnung stammt, mit der unsere Denkmalpflege steht und fällt.
Sie ist nach ihrem Wesen am leichtesten deutlich zu machen durch den Ver-

gleich mit der Sammlertätigkeit früherer Zeiten. Die Sammler des 16., 17., 18. Jahrhunderts sammelten aus ästhetischen Motiven oder aus irgendeiner sonst begründeten Liebhaberei; sie kannten Kunstepochen, die sie bevorzugten, und andere, sehr viele meist, die sie verachteten; immer war der Maßstab der Wertschätzung ein subjektiver. Die Denkmalpflege des 19. Jahrhunderts kennt grundsätzlich solche Unterscheidungen nicht. Ihr letzter Beweggrund ist *die Achtung vor der historischen Existenz als solcher.* Wir konservieren ein Denkmal nicht, weil wir es für schön halten, sondern weil es ein Stück unseres nationalen Daseins ist. Denkmäler schützen heißt nicht Genuß suchen, sondern Pietät üben. Ästhetische und selbst kunsthistorische Urteile schwanken, hier ist ein unveränderliches Wertkennzeichen gefunden.

Nun aber zeigt sich noch von einer ganz anderen Seite her der Gedanke des Denkmalschutzes als Angehöriger einer neuen Zeit. Anscheinend lediglich konservativ in seiner Tendenz, wie es auch seiner Entstehung in der Restaurationsepoche entspricht, führt er zu Konsequenzen, die, zunächst noch unbewußt, aber ganz unwiderstehlich, nach einer völlig anderen Richtung hindrängen: ich weiß keinen Namen dafür, als nur den des Sozialismus. Diese sozialistische Tendenz ist es fast noch mehr als die konservative, die die Interessen des Denkmalschutzes praktisch nicht selten mit dem Liberalismus in Konflikt geraten lassen. Wie ich am Eingang meines Vortrages sagte, die Werke der *bildenden* Kunst seien in bezug auf Dauer am schlechtesten gestellt, so muß ich jetzt hinzufügen: sie sind auch durch unser Rechtssystem und unser Wirtschaftssystem am schlechtesten gestellt. Das ist die Folge ihrer geistig-körperlichen Doppelnatur. Das herrschende Recht berücksichtigt sie nur als körperliche Wesen, und doch ist es die allgemeine Überzeugung, daß ihr wahres Wesen ein geistiges sei. Das Interesse, das die Gesamtheit an ihnen hat, überwiegt ganz unermeßlich das Interesse des Individuums – soll es ungeschützt bleiben?

Der verstorbene Baron Rothschild in Frankfurt wußte die schönste Sammlung von Werken der Goldschmiedekunst zusammenzubringen, die bekanntlich ein Stolz der künstlerischen Vergangenheit Deutschlands ist. Er ruhte nicht, bis er auch das berühmteste dieser Werke, den Jamnitzerpokal, in Händen hatte. Derselbe hatte bis dahin im Germanischen Museum in Nürnberg gestanden, als Eigentum zwar einer in unendlich viele Zweige gespaltenen Nürnberger Patrizierfamilie, die sich schließlich genötigt sah, ihn an den Meistbietenden zu veräußern. Bald darauf starb Rothschild und vermachte seinen goldenen Hort einem Vetter in Paris. Die Franzosen haben aber ihre Rothschilds besser erzogen, als wir die unsrigen. Der Jamnitzerpokal ging alsbald als Geschenk in Besitz des Louvremuseums über und dort müssen wir

Deutsche ihn nun aufsuchen. — Theoretisch läßt sich dieser Fall zu beliebigen Dimensionen ausdehnen. Es stände rechtlich nichts dem entgegen, daß irgendein Krösus sämtliche Bilder Rembrandts in seine Hand brächte und für die übrige Welt unsichtbar machte, vielleicht in einer herostratischen Laune sie vernichtete. — Was ich mit diesen grellen Beispielen ins Licht setze, geschieht in kleinerem Maßstabe täglich in tausendfältiger Wiederholung. Man muß eine Zeitlang in diese Verhältnisse mit eigenen Augen hineingesehen haben, sonst hält man es nicht für glaublich, wie groß noch heute — obgleich die schlimmsten Zeiten längst vorüber sind — der fortlaufende Schwund an alter Kunst sich summiert. Eine Hauptrolle spielt hierbei der mit wundergleicher Findigkeit begabte Antiquitätenhandel: er ist vergleichbar den Staubaufsagemaschinen, mit denen neuestens unsere Wohnungen gereinigt werden: so dringt er in die verborgensten Winkel ein und befreit sie von ihrem Kunstbesitz. Ich verkenne keineswegs, daß dieser Handel auch Guts tut, indem er Verborgenes ans Licht zieht, das sonst unbemerkt verkümmern würde. Ganz überwiegend ist aber doch seine Wirkung destruktiv. Denn die Mehrzahl der in Frage kommenden Objekte haben ihre historische und künstlerische Bedeutung nur in dem bestimmten Zusammenhang, für den sie geschaffen waren; sie aus demselben loslösen, heißt meistens die größere Hälfte ihres Wertes auslöschen. Der Handel führt hier also nicht bloß zu einem Besitzwechsel, sondern auch zur Wertverminderung. In diesem Sinne sind selbst die staatlichen Museen, wie wir mehr und mehr einsehen, keineswegs die ideale Form der Denkmalbewahrung. Ein alter Schnitzaltar kann in der traulichen Mitte einer Dorfkirche und als Zeugnis einer alten lokalen Kunstübung Eindruck machen; im Altertumsmuseum, in einer Reihe mit 50 anderen ähnlichen Stücken, verliert er seine Individualität und wird uns gleichgültig. Der Kunsthandel arbeitet aber nur zum kleinsten Teil für Museen, zum größeren für Private und für das Ausland. Die wirtschaftlich stärkeren Völker erhalten auch nach dieser Seite die Übermacht. Die angelsächsische Rasse ist diejenige, die am wenigsten Kunst geschaffen hat: jetzt erweist sie den ärmeren, aber geistreicheren Völkern die Ehre einer Ausplünderung, die, seitdem Amerika mittut, für den Kunstbestand des historischen Europas eine schwere Gefahr bedeutet.

Ich habe zuletzt nur von der Klasse der beweglichen Denkmäler gesprochen. Eigentlich einen noch schwereren Stand haben die unbeweglichen. Der Strom des modernen Wirtschaftslebens sieht in ihnen nur Hindernisse; er unterspült sie, verschlingt ein Stück nach dem andern von Tag zu Tag. Genug! Von dem Augenblicke an, wo ein ernstlicher Wille zum Denkmalschutz da war, mußte man auch darüber sich klar werden: er sei nicht durchführbar ohne Beschränkung des Privateigentums, ohne Beschränkung der Interessen des Verkehrs, der Arbeit, der individuellen Nützlichkeitsmotive überhaupt. Das ist es, weshalb ich ihn sozialistisch nannte.

Wie weit ist nun der Staat solchen Forderungen entgegengekommen? Ich werde hierüber im Rahmen meines heutigen Vortrages sehr kurz sein müssen.

Eine Zeitlang schien es, als wolle Deutschland mit der Verwirklichung sich an die Spitze stellen. In den schönen, ideenreichen Jahren der Befreiungskriege tauchten, zuerst in Preußen, weitgehende Pläne auf; Sulpiz Boisserée und Karl Friedrich Schinkel sind hier an erster Stelle zu nennen, beide Schüler der Romantik; auch Goethe warf sein Wort und seinen Namen in die Waagschale. Bald aber wurde es wieder still. Und ich kann das nicht unbedingt bedauern. Gerade Schinkel, den ich als Künstler noch immer höher bewundere als es heute im allgemeinen üblich ist, er, der den Ausbau der Akropolis von Athen zum Königspalast unter seine Lieblingsgedanken zählte, wäre, eben weil er so sehr Künstler war, ein gefährlicher Denkmalspfleger geworden.

Der Ruhm der ersten gelungenen Initiative, der ersten planmäßigen Ordnung des Denkmalschutzes durch den Staat, gehört Frankreich. Den Anstoß gab auch hier die romantische Schule. Zwei ihrer Häupter, Viktor Hugo vom linken, Graf Montalembert vom rechten Flügel, eröffneten den Kampf. Ihre Forderungen nahm der Historiker Guizot auf. Minister des Julikönigtums geworden, ließ er die Errichtung einer Generalinspektion der Denkmäler eine seiner ersten Taten sein, im Jahre 1830 noch. Erster Inhaber dieses Amtes war der Historiker Vitet, ihm folgte bald in langer fruchtbarer Amtszeit Prosper Mérimée. Der Ursprung der Denkmalpflege aus dem Kreise der Literaten und Gelehrten liegt hier in unmittelbarer Deutlichkeit vor Augen; die Heranziehung der Künstlerwelt ist erst eine jüngere Folgeerscheinung.

Sehr bald aber wurde Frankreich überflügelt, theoretisch wenigstens, vom jüngsten der europäischen Staaten, von Griechenland. Am 10. Mai 1834 erschien hier ein umfangreiches Gesetz, das ebenso durch den sorgfältig durchdachten Ausführungsapparat, den es anordnet, als durch den kühnen Idealismus seines Grundgedankens überraschte: – die Gesamtheit beweglicher und unbeweglicher Altertümer erklärt es für Nationaleigentum aller Hellenen, wofern nicht auf dem Wege eines besonderen Verfahrens die Unerheblichkeit einzelner Gegenstände amtlich ausgesprochen ist. Der Verfasser war ein deutscher Professor, Ludwig Maurer. Was die neuen Hellenen damit praktisch angefangen haben, ist natürlich eine andere Frage.

Hinter dem hier aufgestellten Ideale blieb das alte Europa weit zurück. Ich habe schon angedeutet, aus welchen Gründen. England hat auf einen staatlichen Denkmalschutz verzichtet bis heute; es gibt ein Gesetz von 1873, das faßt aber nur die kleine Gruppe der sog. megalythischen Denkmäler der Urzeit ins Auge, läßt also das Hauptproblem ungelöst. Die festländischen Staaten halfen sich mit vereinzelten Verordnungen auf dem Verwaltungswege, oft auch nur aus polizeilichen und fiskalischen Motiven. Was damit erreicht wurde, war ein keineswegs zu unterschätzender Fortschritt gegen den grundsätzlich freigegebenen Vandalismus früherer Zeiten, im ganzen aber sind es doch nur Abschlagszahlungen und Kompromisse. Vor einer Regelung durch Gesetz scheute man lange zurück. Sie ist zuerst versucht worden, abgesehen von Griechenland, in Schweden 1867, wo von Gustav Adolf her eine besonders denkmalfreundliche Tradition sich erhalten hatte. Danach in Frankreich 1887. In Deutschland zuerst im Großherzogtum Hessen 1902 und bis jetzt auch noch allein. Doch wird Preußen in kurzer Frist folgen.

Gestatten Sie mir einige nähere Mitteilungen über das hessische Gesetz. Verfaßt von einem denkmalsfreundlichen Juristen und angenommen von einer wohlwollenden Kammer, stellt es wohl das Maximum dessen dar, was heute erreicht werden kann. Von juristischer Seite hat es schon den Vorwurf erfahren, daß es zu weit gehe. Mir erscheint es so schonend, als mit dem gewollten Zweck irgend zu vereinigen ist. Das Gesetz hat sich gleich darin eine große Zurückhaltung auferlegt, daß es die weite Klasse der beweglichen Gegenstände in Privatbesitz – andere Länder, z. B. Italien, halten gerade deren Schutz für besonders dringlich – außer Betracht läßt. Bewegliche Denkmäler (zu denen sehr zweckmäßig auch Urkunden gerechnet werden) sind also nur geschützt, insofern sie Eigentum des Staates, der Kirche und der Gemeinden sind. Dagegen schützt das Gesetz die Baudenkmäler in vollem Umfange, auch die in Privatbesitz. Für jede an diesen beabsichtigte Veränderung besteht Anzeigepflicht und wird nötigenfalls Entschädigung oder Enteignung in Aussicht genommen. Beaufsichtigt werden die Denkmäler durch einen oder mehrere vom Staate bestellte Denkmalpfleger. In wichtigeren Fällen aber soll ein Denkmalrat hinzugezogen werden, bestehend aus je einem Vertreter der evangelischen und katholischen Kirche, mindestens zwei Mitgliedern hessischer Altertums- und Geschichtsvereine und zwei hessischen Denkmalsbesitzern. Endlich soll außer dem Denkmal selbst auch seine Umgebung geschützt werden. Die Aufnahme dieser Bestimmung ist besonders dankbar zu begrüßen. Man kann Bauwerke nicht isolieren, sie sind nicht Museumsstücke. Es kann ein Denkmal auch indirekt zerstört werden: durch Mißklänge in seiner Umgebung. Ein modernes Warenhaus auf den Marktplatz einer alten Stadt gestellt, oder ein grell aufdringliches Reklameschild auf einem alten

Hause genügt, dies trauliche und charaktervolle Bild in ein abstoßendes zu verwandeln. Für Forderungen der Gesundheitspolizei haben wir ein offenes Ohr bekommen; daß es auch eine Hygiene für unsere seelische Hälfte geben sollte, hat man nicht wissen wollen. Mit lebhafter Freude ist es zu begrüßen, daß seit kurzer Zeit auch hier die Einsicht zu tagen beginnt. Was das hessische Gesetz generell regeln will, ist hie und da von einzelnen Stadtverwaltungen schon praktisch in die Hände genommen. Möchte es nur immer ohne Pedanterie geschehen! Es kommt gar nicht darauf an, bei Neubauten in altertümlicher Umgebung das zu wahren, was die Leute „Stil" nennen und was in der Regel nichts ist als eine künstliche, unwahre Altertümelei: sondern allein darauf, in den Massenverhältnissen und in der künstlerischen Gesamthaltung sich dem überlieferten Straßenbilde anzupassen, was ganz wohl auch in modernen Formen geschehen kann. Die Institution des Denkmalsrates, die das hessische Gestz für das Land im ganzen anordnet, sollte im kleinen in jeder Stadt von historischem Gepräge wiederholt werden als eine Schutzwehr nicht nur für die einzelnen eingetragenen Denkmäler, sondern für den genius loci überhaupt.

Ich komme hiermit zu der Erwägung, die sich mir bei Betrachtung der Versuche, den Denkmalschutz vom Staate aus zu realisieren, am stärksten aufdrängt: sie ist die, daß der Staat, so unerläßlich sein Eingreifen ist, die Aufgabe nur halb lösen kann. Der Staat hat nicht Augen genug, er kann nicht all das Viele und Kleine, auf das es ankommt, sehen; seine Organe sind auch nicht geschmeidig genug, den immer wechselnden örtlichen Verhältnissen sich prompt anzupassen. Einen ganz wirksamen Schutz wird nur das Volk selbst ausüben, und nur wenn es selbst es tut, wird aus den Denkmälern lebendige Kraft in die Gegenwart überströmen. Das Volk! Möge es nicht scheinen, daß ich das tönende Erz der Phrase damit in Bewegung setze. Ich denke mir darunter völlig Bestimmtes. Ich denke zunächst an die kommunalen Verbände, vor allem die städtischen. Fast möchte ich hier den Schwerpunkt der praktischen Denkmalpflege suchen. Hier vor allem wird dafür zu sorgen sein, was ich oben den Schutz des genius loci nannte. Ich denke an die Vereine. Ich denke besonders auch an die Schule. Sie sollte von der Volksschule an auf allen Stufen der Denkmalkunde von Stadt und Provinz ihre Aufmerksamkeit schenken. Unsere ruhelose Zeit hat nichts nötiger, als daß der Jugend ein örtliches Heimatgefühl in klaren, unvergeßlichen Bildern ins Leben mitgegeben werde, zumal in den höheren Ständen, deren Leben nichts als ein ewiger Ortwechsel ist. Ich denke endlich an Erziehung zur Denkmalsfreundschaft mit allen jenen Mitteln von Wort, Schrift und Bilddruck, die uns heute in so mannigfaltiger Anwendbarkeit zur Verfügung stehen. Und indem ich dieses ausspreche, kann ich nicht umhin, mit warmem Dankesgefühl dessen zu gedenken, daß erst kürzlich S. M. der Kaiser durch sein persönliches Eingreifen den Wunsch des Denkmalpflegetages nach Herstellung eines den ganzen deutschen Denkmälerschatz übersichtlich zusammenfassenden Handbuchs erfüllbar gemacht hat. In alle Schichten muß das Gefühl eindringen, daß das Volk, das viele und alte Denkmäler besitzt, ein vornehmes Volk ist. Wenn das Volk erst darüber unterrichtet ist, worum es sich handelt, mag es, wo Gegenwart und Vergangenheit in Konflikt kommen, die Wahl und Verantwortung übernehmen. Ohne Sentimentalität, ohne Pedanterie, ohne romantische Willkür wollen wir Denkmalpflege üben als eine selbstverständliche und natürliche Äußerung der Selbstachtung, als Anerkennung des Rechtes der Toten zum Besten der Lebendigen. Niemals zwar werden wir für die Denkmäler der bildenden Kunst dieselbe Lebensdauer erreichen können wie für die Denkmäler der Literatur, aber sie über den bisherigen Durchschnitt verlängern, durch Rechtsschutz und technischen Schutz, das können wir. Und dieses zuerst gewollt zu haben, wird dem 19. Jahrhundert immer ein Ruhm bleiben.

Der Historismus des 19. Jahrhunderts hat aber außer seiner echten Tochter, der Denkmalpflege, auch ein illegitimes Kind gezeugt, das Restaurationswesen. Sie werden oft miteinander verwechselt und sind doch Antipoden. Die Denkmalpflege will Bestehendes erhalten, die Restauration will Nichtbestehendes wiederherstellen. Der Unterschied ist durchschlagend. Auf der einen Seite, die vielleicht verkürzte, verblaßte Wirklichkeit, aber immer Wirklichkeit – auf der andern die Fiktion. Hier wie überall hat die Romantik den gesunden Sinn des konservativen Prinzips verfälscht. Man kann eben nur konservieren was noch ist – „was vergangen, kehrt nicht wieder". Nichts ist berechtigter gewiß als Trauer und Zorn über ein entstelltes, zerstörtes Kunstwerk; aber wir stehen hier einer Tatsache gegenüber, die wir hinnehmen müssen, wie die Tatsache von Alter und Tod überhaupt; in Täuschungen Trost suchen wollen wir nicht. Mitten unter die ehrliche Wirklichkeit Masken und Gespenster sich mischen sehen, erfüllt mit Grauen. Sollen wir uns *dazu* die Beschränkungen und Opfer auferlegen, die die Denkmalpflege fordert, damit wir Denkmäler erhalten, an die wir selbst nicht glauben? etwas wie eine unechte Ahnengalerie?
Die Vertreter der Kunstwissenschaft sind heute darin einig, das Restaurieren grundsätzlich zu verwerfen. Es wird damit keineswegs gesagt, der Weisheit letzter Schluß sei, die Hände in den Schoß legen und der fortschreitenden Auflösung mit fatalistischer Ergebung zusehen. Unsere Losung lautet: aller-

dings nicht restaurieren – wohl aber konservieren. Nach dieser Zweckunterscheidung ist jede einzelne Maßregel zu beurteilen. Man konserviere, solange es irgend geht, und erst in *letzter* Not frage man sich, ob man restaurieren will. Man bereite beizeiten alles auf diese Möglichkeit vor, durch Messungen, Zeichnungen, Photographie und Abguß – wie man um des Friedens willen den Krieg vorbereitet –, aber tue alles, diesen Augenblick hinauszuschieben. Nichts ist der Konservierung abträglicher gewesen, als daß die Architekten das Restaurieren interessanter und ruhmvoller fanden. Mir ist nicht zweifelhaft, daß die Konservierungstechnik – wenn erst anerkannt ist, daß in ihr das einzige wahre Heil der Denkmalpflege liegt – noch eine erhebliche Vervollkommnung vor sich hat. Von vornherein freizugeben sind ja jene kleineren Ausbesserungsarbeiten, ohne die eine Konservierung materiell nicht möglich wäre. Wir sehen sie nicht eben gern, aber nehmen sie als ein kleineres unter zwei Übeln hin. Weiter werden wir ausnahmsweise auch umfassende Wiederherstellungen gelten lassen; es kann sehr gute Gründe für sie geben, nur werden sie anderwärts als im Gedankenkreise der Denkmalpflege zu suchen sein. Die Möglichkeiten dieser Art sind so mannigfaltig, daß hier nur von Fall zu Fall geurteilt werden kann. Um ein Beispiel zu nennen: so scheint es mir ganz wohlgetan, daß man vor einigen Jahren den Hauptraum eines Hauses in Pompeji völlig, in Konstruktion und Schmuck, wiederhergestellt hat, im Sinne eines typischen Modells. Ein gleiches dürfte man, wenn die Prämissen der Ergänzung ähnlich günstig liegen, an irgendeiner mittelalterlichen Burgruine einmal versuchen. In beiden Fällen handelt es sich um eine durch viele Hunderte von Exemplaren vertretene Denkmälergruppe, für die der Verlust eines einzelnen Exemplares nicht ernstlich in Betracht kommt, wogegen sie, besonders den Laien, vieles anschaulich machen, was bloße Zeichnungen oder Modelle nicht hinreichend beurteilen lassen. Aber niemand wird auch nur wünschen, in dieser Weise alle Häuser Pompejis oder alle deutschen Burgen behandelt zu sehen. Man muß solche Wiederherstellungen nehmen als das, was sie sind: als eindrucksvolle naturgroße Illustrationen zum dermaligen archäologischen Wissen. Wir werden solche Veranschaulichungen dankbar entgegennehmen, dabei aber nicht vergessen, das Beiwort „dermalig" zu unterstreichen; daß unser Wissen Stückwerk sei, dafür könnten wir Kunstgelehrten wohl als unverdächtige Zeugen gelten. Man kennt bis heute keine einzige Restauration, auch nicht unter den zu ihrer Zeit bewundertsten, die nicht nach zwanzig Jahren den Nimbus sog. Echtheit schon wieder verloren gehabt hätte. Unbegreiflich, wie, nachdem eine an Enttäuschungen und Reue übervolle Erfahrung hinter uns liegt, gewisse Zauberer es noch immer zustande bringen, den vertrauensvollen Laien zu suggerieren, sie, sie endlich und ganz gewiß, hätten das große Arkanum gefunden. Es wird nie gefunden werden. Der Geist lebt fort nur in Verwandlungen; in seine abgelegten Schlangenhäute läßt er niemals sich zurückzwingen. Frühere Jahrhunderte haben diesen Wahn nicht gekannt. Wenn an einem Bauwerk aus alter Zeit einzelne Teile erneuert oder hinzugefügt werden mußten, so tat man es stets in der jeweilig üblichen Bauweise. Die Stileinheit wurde dabei geopfert, aber nicht notwendig die künstlerische Harmonie überhaupt. Wir Straßburger wissen darüber Bescheid. Welche Fülle historischen Lebens strömt noch immer, trotz vieler Verluste, unser die Geschichte von acht Jahrhunderten widerspiegelndes Münster aus und was bedeutet dagegen die kalte archäologische Abstraktion, die man im Kölner Dom hingestellt hat! Die Künstler des 19. Jahrhunderts blieben indes nicht beim Restaurierungswesen im oben betrachteten Sinn, d. h. der Erneuerung schadhafter und der Ergänzung zerstörter Bauteile, stehen; sie glaubten, ihr neugewonnenes Wohlwollen für die Denkmäler viel umfassender noch betätigen zu sollen, indem sie sie – auch die ganz gesunden, einer Restauration gar nicht bedürftigen Denkmäler – zum mindesten einer gründlichen Stilreinigung und Stilverbesserung unterzogen, in der Weise, daß aus einem gegebenen Gebäude, sagen wir des Mittelalters, alles entfernt ward, was an seine Fortexistenz in späteren Jahrhunderten erinnerte. Sehr seltsam, wie bei diesen Unternehmungen romantische und klassizistische Grundsätze sich vermischten. Durch die Romantik war die Künstlerwelt stofflich für das Mittelalter gewonnen; in ihren formal-ästhetischen Anschauungen blieb sie im Banne ihrer akademisch-klassizistischen Erziehung. Die im 19. Jahrhundert entstandenen neumittelalterlichen Bauten sind hinsichtlich der Komposition im großen immer nach klassischem Rezept entworfen und mittelalterlich nur in den Schmuckformen. So sah man auch die alten Denkmäler mit einer zwiespältigen Empfindung an. Die klassizistische Schulregel lautete, eine Hauptbedingung künstlerischer Vollkommenheit sei die Einheit der Erscheinung. Daß die Denkmäler, so wie man sie vorfand, dieser Forderung nicht genügten, war nur zu gewiß: sie hatten nicht unter einer Glasglocke gestanden, sondern im lebendigen Strom der Geschichte; in einer romanisch gebauten Kirche sah man vielleicht spätgotische Chorstühle, Grabmäler der Renaissance, einen barocken Hochaltar, eine Rokokoorgel. Der historisch empfindende Mensch freut sich daran, die Stimme der Vergangenheit in so reicher Polyphonie zu vernehmen; dem korrekten Stilisten ist es ein Ärgernis. So kam es zu der in einem großen Teil des 19. Jahrhunderts mit grausamer Konsequenz durchgeführten Regel, von der ich oben sprach: aus einer mittelalterlichen Kirche muß alles Nachmittelalterliche ausgetilgt werden. In das damit geschaffene

Vakuum schob man dann die eigenen blutlosen Stilübungen ein. Dies Treiben ist öde Schulmeisterei. Man könnte die Künstler, die durch eine unverstandene historische Bildung sich darein verstricken lassen, bemitleiden, wären sie nicht so schädlich. Es ist nicht zu sagen, wieviel gute alte Kunst durch den Purismus verschleudert worden ist. Und schlimmer noch als der Untergang der einzelnen Stücke ist der Verlust an Lebenswärme, an historischer und künstlerischer Gesamtstimmung, an jener Vornehmheit, die nur das Alter hat. Will man heute echte Ensemblewirkungen sehen, so muß man sie schon in entlegenen Dorfkirchen aufsuchen oder in Spanien und einzelnen Teilen Italiens, die durch ihre Armut vor den restaurierenden Pedanten geschützt geblieben sind. Dort lernt man ihren unersetzlichen Wert erkennen. Habe ich noch hinzuzufügen nötig, daß, wie jede Regel, so auch die hieraus folgende, zur Ausführung nach dem Geiste und nicht nach dem Buchstaben da ist? Das konservative Prinzip bedeutet hier nicht Verzicht auf jegliche Wertunterscheidung. Würde z. B. an einem Gebäude aus dem 13. Jahrhundert ein bedeutsamer Teil durch einen banalen Anbau des 18. Jahrhunderts verdeckt, so wäre die Entfernung des letzteren nur gut zu heißen; aber nicht deshalb, weil er aus dem 18. Jahrhundert stammt, sondern weil er auch nach dem Maßstab seiner Entstehungszeit wertlos ist. Jedermann kennt die seltsamen, nicht gotischen sondern gotisierenden, Überreste der ehemaligen Kaufbuden an unserem Münster; sie sind nach 1770 erbaut, noch 1850 in ihre heutige Gestalt gebracht; sie haben keinen Denkmalswert. Ihre Entfernung könnte nur ein Gewinn für das Münster sein.

Restaurationen und Purifikationen haben auch noch das an sich, daß sie Schritte sind, die nie zurückgetan werden können. Dadurch unterscheiden sie sich von den ähnlichen Versuchen an der literarischen Überlieferung. Wenn heute jemand zu einem fragmentarisch überlieferten alten Gedicht die fehlenden Stücke hinzukomponiert, so nötigt er doch niemanden damit, sie zu lesen; jedenfalls wird man das Urteil über das Gedicht nicht von den Ergänzungen abhängig machen. Fügt aber ein Architekt einem unfertig, turmlos auf uns gekommenen Dome die Türme aus eigener Phantasie hinzu, so wird damit auch die Wirkung der echten alten Teile unweigerlich verändert. Eine als irrig sich erweisende Konjektur in einem alten Text kann man jederzeit wieder ausstreichen; *ein verpfuschtes Denkmal bleibt verpfuscht.* Restaurationen auf dem Papier sind lehrreich; in die Wirklichkeit übertragen schneiden sie die Debatte für immer ab. Unsere heutigen Künstler sind die ersten, die vor 40 oder 70 Jahren ausgeführten Restaurationen samt und sonders für mangelhaft zu erklären; woher haben sie die Gewißheit, daß *nach* 40 oder 70 Jahren die *ihrigen* die Kritik aushalten werden?

Überschlage ich das für das 19. Jahrhundert vorliegende Resultat, so kann ich denen nicht widersprechen, die behaupten, der durch übereifrige Liebe mit dem Restaurationswesen angerichtete Schaden sei für die Denkmäler größer, als er je durch einfaches Gehenlassen hätte werden können. Es ist nicht anders: die Ärzte sind gefährlicher geworden als die Krankheit selbst; sie haben

> „mit ihren höllischen Latwergen
> In unsern Tälern, unsern Bergen
> Weit schlimmer als die Pest getobt".

An der Sache ist nichts zu beschönigen, gegen die Personen wird man deshalb nicht hart im Urteil sein. Jene Denkmälerärzte handelten gerade ebenso in gutem Glauben, wie Fausts Vater, der dunkle Ehrenmann. Wenn nach der Schuld gefragt werden soll, so wird man finden, daß sie sich auf sehr viele und verschiedenartige Faktoren verteilt hat. Möchte man endlich einsehen, daß es gar nicht anders kommen konnte, als es gekommen ist. Deshalb nicht anders konnte, weil die öffentliche Meinung, in Unklarheit über das wahre Wesen des Denkmals, dem Irrtum verfiel, es handle sich hier um eine Aufgabe für Künstler, während sie doch wesentlich im Bereich des historisch-kritischen Denkens liegt. Heißt Denkmalpflege soviel als Denkmalverschönerung – wie es tatsächlich lange die Meinung war – dann ist ohne Zweifel der Künstler der rechte Mann für sie; legt man aber den Schwerpunkt der Aufgabe in die Erhaltung, dann hat der Künstler nur mitzusprechen, insofern er einerseits Techniker, anderseits Stilkenner, d. h. Archäologe ist – seine Künstlerschaft hat zu schweigen. Muß man Dichter sein, um die Schätze alter Literatur zu hüten? Das Verhältnis des Künstlers zu den Denkmälern ist kein anderes. Ist derselbe ein klarblickender, gewissenhafter Denkmalpfleger – auch unter Künstlern hat es immer solche gegeben – so kommt dabei eine zweite Begabung und Geistesrichtung an den Tag, die mit der künstlerischen an sich nichts zu tun hat, ja von ihr hart bedrängt wird. Der Künstler – wenn er wirklich einer ist – braucht die Freiheit wie der Fisch das Wasser; wie könnte er durch eine Aufgabe geehrt sein, die als erstes die Hingabe seiner Freiheit verlangt? Wenn Restauratoren, die Erfolg haben wollen, durch ihre Anhänger ihre „Genialität" sich bescheinigen lassen, so kann ich nur sagen: Gott bewahre die Denkmäler vor genialen Restauratoren! Offenbar besteht zwischen der Aufgabe der Denkmälererhaltung und der natürlichen Anlage des Künstlers eine nie ganz zu hebende Spannung. Mag in der heutigen Architektengeneration das archäologische Wissen sich gegen früher sehr vervollkommnet haben dank der ausgezeichneten Vorbildung auf den technischen Hochschulen; mögen es einzelne zu einer ganz erstaunlichen Detailkenntnis in diesem oder jenem historischen Stile gebracht haben: trotzdem wird sich niemals ein künstlerischer Kopf in einen historischen Kopf verwandeln oder gar diese Wandlung beliebig von Tag zu Tag wiederholen hin und her. Dies sei genug, um verständlich zu machen, daß der alles durchsäuernde historische Geist des 19. Jahrhunderts, als er die Künstler ergriff und zu den Denkmälern hintrieb, doch auf sie ganz anders wirken mußte, als auf die Gelehrten, die ihn gerufen hatten. Es handelt sich um eine grundsätzliche, nie zu überbrückende Verschiedenheit in der Auffassung vom Wesen des Denkmals. Dem Künstler ist es immer Künstlerwerk, dem Historiker ein Produkt aus Kunst *und* Geschichte; und der Historiker fordert auch für diese umschaffenden Kräfte Achtung als für eine Wirklichkeit.

Aus der Betrachtung des bisherigen Ganges der Dinge ziehe ich den Schluß: Das Gebot „konservieren, nicht restaurieren" auszuführen ist der Beruf nicht sowohl von Künstlern, als von künstlerisch und technisch gebildeten oder von Künstlern und Technikern unterstützten Archäologen. Das zwanzigste Jahrhundert wird die vom neunzehnten begangenen Fehler nicht wieder gut machen können, aber es wird sie nicht wiederholen. Unter den Künstlern selbst beginnen sich die Anschauungen zu klären; einzelne erschreckende Rückfälle in romantische Willkür auch noch in neuester Zeit sollen mich nicht abhalten, dies anzuerkennen. Was die Denkmalpflege des 19. Jahrhunderts zu ihren Irrgängen verleitet hat, war ein Hinüberwirken anormaler Zustände in der schaffenden Kunst, die nicht ewig dauern können. Wir kommen der letzten Ursache auf die Spur, wenn wir von der Wahrnehmung ausgehen, daß die verschiedenen Kunstgattungen in sehr verschiedenem Grade vom Übel betroffen gewesen sind. Museen der Malerei und Plastik werden längst nicht mehr von Malern und Bildhauern verwaltet, sondern von Kunsthistorikern mit technischen Hilfsarbeitern; daß Maler von Rang sich mit Bilderrestauration abgeben, kommt nicht vor; einer beschädigten Statue den fehlenden Arm oder Kopf hinzuzudichten ist heute verpönt, – es wäre denn an einem Abguß, aber nie am Original. Woher nun das völlig andere Verhalten der Architekten? Die Antwort gibt die Kunstgeschichte des 19. Jahrhunderts. Es begann mit völliger Erschöpfung der originalen Stilkraft. Maler und Bildhauer sind dann nach und nach zu einer relativ eigenartigen Ausdrucksweise vorgedrungen. Die Architektur konnte die Offenbarungen, die ihr der historische Geist des Jahrhunderts darbrachte, nicht ertragen, als Ganzes bietet sie, soviel hochgabte und edelgesinnte Meister es auch gegeben hat, ein Bild der Anarchie. Sie war unfrei und willkürlich zugleich. Sie kannte alle je gesprochenen toten Sprachen der Kunst und bediente sich nach Wunsch abwechselnd einer jeden; nur eine eigene Sprache hatte sie nicht. Von hier aus erklärt sich alles; sowohl was gefehlt worden ist, als von woher die Besserung kommen muß. Von dem Augenblick ab, wo wir wieder eine klare und einheitliche baukünstlerische Überzeugung haben werden – von diesem Augenblick ab wird der vom Hauptstrom der schaffenden Kunst verirrte Nebenarm, der unter dem Namen der Wiederherstellung unsere alten Denkmäler bedroht, in sein natürliches Bett zurückkehren. Eine echte, gesunde, moderne, deutsche Baukunst – werden wir ihre Geburt noch erleben? Ich glaube, wir kennen alle einen, der sie am heißesten herbeiwünscht: unsern Kaiser. Möge dem Kaiser auch in dieser Sache der Glaube an die Zukunft Deutschlands stark bleiben. Ohne Glaube gelingt kein Werk. Gott segne den Kaiser auf allen seinen Wegen!

4 Alois Riegl:
Neue Strömungen in der Denkmalpflege

Vor kurzem sind zwei Schriften über moderne Denkmalpflege erschienen, deren Verfasser, jeder in seinem Fache, ein wohlbegründetes Ansehen genießen, und namentlich auch auf dem Gebiete, dem ihre jüngsten Enunziationen gelten, den unbestrittenen Anspruch erheben dürfen, mit Ernst und Aufmerksamkeit gehört zu werden. Eine von diesen Schriften ist die Wiedergabe einer akademischen Rede, welche der ordentliche Professor der Kunstgeschichte an der Straßburger Universität Dr. Georg Gottfried Dehio gelegentlich der diesjährigen Geburtstagsfeier des deutschen Kaisers gehalten hat.[1] Die andere hat den Berliner Architekten Bodo Ebhardt zum Verfasser, der sich in Deutschland namentlich durch zahlreiche Restaurierungen mittelalterlicher Burgen einen Namen zu erwerben wußte; die Ausführungen in seiner jüngsten Broschüre[2] behandeln auch ausschließlich die Pflege älterer Burgbauten, und wenn der Titel gleichwohl ein umfassenderes Thema anzukündigen scheint, so läßt sich diese Erweiterung nur insofern rechtfertigen, als bei dem engen Zusammenhange, der zwischen allen Denkmalgebieten untereinander in bezug auf ihre Pflege herrscht, von der Behandlung von Burgen in der Tat die Gedanken des Verfassers über eine analoge Behandlung anderer alter Bauwerke mit logischer Notwendigkeit abgeleitet werden können.

Was dem gleichzeitigen Erscheinen dieser beiden Schriften im gegenwärtigen Momente einen besonderen Wert verleiht, ist der Umstand, daß ihre vergleichende Lektüre einen tiefen Einblick gewährt in die Wandlung, die sich heute (und bereits seit Jahren) in der grundsätzlichen Auffassung von der innersten Triebfeder und den dadurch bedingten äußeren Aufgaben der Denkmalpflege vollzieht, und zugleich in die Hindernisse, die einem glatten und normalen Verlaufe dieser Wandlung entgegenstehen, und denen auch die zahlreichen oft unüberbrückbar scheinenden Mißverständnisse und Meinungsverschiedenheiten in den einzelnen Restaurierungsfragen zum wesentlichen Teile zugeschrieben werden müssen. Um einer von uns für nützlich und dringend empfundenen Klarstellung dieser Verhältnisse willen, und nicht aus Absicht einer einfachen literarischen Anzeige, derengleichen vom Programme dieser „Mitteilungen" ohnehin ausgeschlossen sind, soll im folgenden auf gewisse Grundgedanken über das Wesen der Denkmalpflege, die in den genannten zwei Schriften zum Ausdrucke gebracht erscheinen, kritisch eingegangen werden. Es ist selbstverständlich, daß auf dem Gebiete der Denkmalpflege so erfahrene Männer auch im einzelnen eine Menge Dinge vorzubringen wußten, die dem Denkmalfreunde wie dem berufsmäßigen Denkmalpfleger Nutzen und Anregung gewähren; an dieser Stelle darauf einzugehen, lag jedoch nicht in unserer Absicht.

Daß der Standpunkt, den der Kunsthistoriker Dehio zur modernen Denkmalpflege einnimmt, demjenigen des ausübenden Künstlers Ebhardt vielfach diametral entgegengesetzt ist, dünkt uns heute fast selbstverständlich; zahllose polemische Äußerungen aus beiden Lagern in der Literatur und auf den alljährlich wiederkehrenden Denkmaltagen haben uns längst daran gewöhnt, die Stellung der schaffenslustigen Architekten einerseits, der jedem Eingriffe in die Denkmäler grundsätzlich widerstrebenden Kunsthistoriker anderseits, als zwei Extreme zu betrachten, zwischen denen eine zwar pietätvolle, aber den unwiderstehlichen Mächten der realen Wirklichkeit klug Rechnung tragende Denkmalpflege jeweils die richtige Mitte zu treffen hat. Freilich läßt sich angesichts des Umstandes, daß doch beide Parteien ein und dasselbe Ziel im Auge haben, schon von vornherein der Gedanke nicht unterdrücken, daß bei gutem Willen zwischen den Extremen wenigstens eine Annäherung gefunden werden könnte, die der Sache gewiß nur zum Vorteil gereichen würde. Bevor wir aber diesem Gedanken nachgehen, wollen wir uns des Zufalles, der uns gleichzeitig Äußerungen aus beiden gegnerischen Lagern beschert hat, noch aus dem Grunde freuen, weil wir von vornherein hoffen dürfen, in der Äußerung des einen sofort die Kritik der Äußerungen des andern zu finden und dadurch unserer eigenen Kritik Vorschub geleistet zu sehen.

Dehio – um mit diesem zu beginnen – gibt über die Haupt- und Grundfrage aller Denkmalpflege zwar kurze, aber sehr bestimmte und sorgfältiger Erwägung würdige Erklärungen. „Wir konservieren ein Denkmal nicht weil es schön ist, sondern weil es ein Stück unseres nationalen Daseins bildet." „Denkmale schützen heißt nicht Genuß suchen, sondern Pietät üben." „Ästhetische und selbst kunsthistorische Urteile schwanken; hier (d. h. in dem ‚Stück nationalen Daseins') ist ein unveränderliches Wertkennzeichen gefunden."

Das sind allerdings Sätze von programmatischer Bedeutung, in denen die Wandlung in der Auffassung vom Wesen der Denkmalpflege zum schärfsten Ausdrucke gelangt. Dehio empfindet, daß das „künstlerische und historische Interesse", womit man im XIX. Jh. den Denkmalbegriff definiert hat, heute diesen Begriff nicht mehr erschöpft. Weder das egoistische Lustgefühl, das durch Form und Farbe des Denkmals erzeugt wird, noch die verstandesmä-

ßige Befriedigung über die durch das Denkmal in uns angeregten historischen, namentlich kunsthistorischen Ideenassoziationen reichen aus, um die oft schwärmerische Begeisterung des modernen Menschen für die „Denkmale" zu erklären, zumal beiden genannten Wertursachen – sowohl dem Kunstgeschmacke als dem historischen Interesse – jeweilen bloß relative Gültigkeit zukommt. Dehio empfindet ganz richtig, daß die ästhetisch-wissenschaftliche Schablone der „kunst- und historischen Denkmale" heute nicht mehr paßt, und daß das eigentlich zwingende Motiv des Denkmalkultus in einem altruistischen Gefühle beruht, das uns Pietät, das heißt Aufopferung gewisser entgegenstehender egoistischer Bestrebungen als innere Pflicht auferlegt. Dieses altruistische Gefühl faßt aber Dehio als ein nationales: „Wir schützen das Denkmal als ein Stück nationalen Daseins."
Diese Fassung dünkt uns, um es gleich zu sagen, eine zu enge: Dehio steht damit offenbar doch noch unter der Nachwirkung des Bannes der Anschauung des XIX. Jh., welche die Bedeutung des Denkmals wesentlich im „historischen" Momente gesucht hatte.
In welchem Sinne seine Definition des Denkmals als „Stück nationalen Daseins" zu verstehen ist, erläutert Dehio selbst an einem Beispiele, indem er den Verlust des Jamnitzer Pokals an das Louvremuseum beklagt. Ein Denkmal deutschen Kunstschaffens müsse nun der Deutsche in Paris aufsuchen! Aus solchen Äußerungen spricht der gleiche Stolz auf die nationale Leistung, wie aus der französischen Definition der „Nationaldenkmäler", welche einen Teil der Gloire der französischen Nation ausmachen. Das altruistische Moment in diesem Gefühle ist offenbar ein beschränktes: es wird sofort ein egoistisches, sobald es mit Bezug auf Angehörige einer andern Nation empfunden wird. Es heißt dann Ruhmsucht, und nicht mehr Pietät. Haben wir aber nicht unzählige Male im Anblick eines Denkmals geschwelgt, ohne uns auch nur im leisesten seines nationalen Ursprungs bewußt zu werden? Und haben uns andere Denkmäler darum weniger Wohlgefallen eingeflößt, weil sie einem ausländischen, etwa dem italienischen Kunstschaffen entstammten? Hieraus erheben sich Bedenken gegen die Gemeingültigkeit der Dehioschen Definition. Trachten wir uns an der Hand von Beispielen darüber klar zu werden.
Kürzlich wurde durch die Nachricht, daß dem geplanten Eisenbahnbau in der Wachau einige alte Häuser, namentlich im Orte Weißenkirchen, zum Opfer fallen sollen, manchem Denkmalfreunde aufrichtiges Leid verursacht. Frug sich aber der also Betroffene, was ihm mit diesen Häusern verloren ging, so begegnete er überall tröstlichen Erwägungen, soweit bloß das „künstlerische und historische Interesse" in Betracht kam. Die zu hohen oder zu schmalen Verhältnisse, die auf rohen Bogen unregelmäßig vorgewölbten Obergeschos-

se, die derben Säulen, winkeligen Freitreppen usw. würde man an jedem modernen Bau von künstlerischem Standpunkte unerträglich finden; in kunsthistorischer Beziehung besitzen wir dafür anderwärts zahlreiche, ungleich wertvollere Ersatzstücke; historische Erinnerungen endlich, die sonst in der Wachau von Richard Löwenherz bis auf Napoleon zahlreich genug entgegentreten, fehlen gerade jenen zum Abbruche bestimmten Häusern gänzlich. Was ist es also, dessen drohender Verlust uns trotz aller Vernunfterwägungen ein untilgbares Leid empfinden läßt? Es kann nichts anderes sein, als das „Alte" an und für sich, das Nichtmoderne, das Zeugnis eines Schaffens früherer menschlicher Generationen, deren Nachfahren wir selbst bilden. So wie wir unsere Vorfahren gleichsam als eine Verlängerung unseres eigenen Daseins nach rückwärts in der Zeit auffassen dürfen, stellen sich uns entsprechenderweise auch die Denkmäler als eine Verlängerung unseres eigenen Schaffens nach rückwärts dar, und in diesem Lichte betrachtet, gewinnen sie für uns ein solches Interesse, daß wir ihrer Erhaltung selbst Opfer an modernen, zeitlichen Gütern bringen.

Solchermaßen erscheinen uns die alten Häuser von Weißenkirchen in der Tat als ein Stück unseres eigenen Daseins, und insofern als sie einstmals von Deutschösterreichern gebaut wurden und wir uns während ihrer Betrachtung als Deutschösterreicher fühlen, auch als ein Stück unseres nationalen Daseins. Aber wenn man selbst davon absieht, daß die Wiege so manches also Empfindenden fern von der Wachau gestanden war, und seine Vorfahren sich nicht immer zur deutschösterreichischen Nationalität bekannt haben, vermögen gewiß viele das Bewußtsein nicht zu unterdrücken, daß ihnen etwa die Lauben in Trient oder die aus ganz anderen Kulturverhältnissen entstandenen Gäßchen im Palastviertel von Spalato genau das gleiche Gefühl der unbedingten Lust an der Anschauung des Alten an und für sich einzuflößen pflegen als die Wachauer Häuser. Und warum – wenn es gestattet ist ein Exempel aus der eigenen Erfahrung vorzubringen – habe ich es von Jugendjahren an stets instinktiv vermieden, zu Rom im modernen Fremdenviertel mein Quartier aufzuschlagen und habe dafür stets die als fieberig verrufene Tiberstadt aufgesucht, deren Gassen wenigstens das unverfälschte, wenn auch einfache Gepräge der Barockzeit zur Schau tragen? Und das selbst schon zu Zeiten, als ich noch als gelehriger Schüler meiner Lehrmeister im Barockstil als solchem die abscheulichste Verirrung des menschlichen Kunstgeistes erblicken zu müssen glaubte! In welch anderem konnte da der Denkmalwert dieser von mir wider die verstandesmäßige Erwägung vorgezogenen Menschenwerke beruhen, als in ihrem Alterswert an und für sich, ganz abgesehen von der Nationalität ihrer Errichter? In diesem Lichte betrachtet, erscheinen sie uns

gewiß auch als ein Stück unseres Daseins, aber nicht des nationalen, sondern des menschlichen Daseins. Der Nationalegoismus erscheint damit zu einem Menschheitsegoismus abgeschwächt, das der Denkmalpflege zugrunde liegende Gefühl einem rein altruistischen wesentlich nähergebracht. Als ein Stück seines nationalen Daseins, wie Dehio will, können die Denkmale somit streng genommen und nur demjenigen gelten, der keine anderen Denkmale kennt, als jene seines Heimatslandes, was aber heute wohl nurmehr bei wenigen Gebildeten zutrifft. Ferner darf man zugeben, daß bei zahlreichen Denkmalfreunden der Heimatssinn so außerordentlich einseitig entwickelt ist, daß die heimatlichen Denkmale in ihm weit rascher und intensiver die Stimmungsgefühle erwecken, als solche die auf fremdem Boden erwachsen sind. Aber da handelt es sich bloß um sekundäre Unterschiede: das Hauptmotiv des Denkmalkultus auf dieser Entwicklungsstufe (die, wie gleich gezeigt werden soll, heute auch bereits überschritten ist) bleibt das „Menschheitsgefühl", mag es auch gelegentlich überwiegend bloß den Menschen von einer bestimmten Nationalität gelten, d. h. in der beschränkten Form des Nationalgefühls zum Ausdrucke gelangen.
Die letzten Ziele des modernen Denkmalkultus werden aber erst dann völlig klar, wenn man auch den wachsenden Sinn für die Pflege der „Naturdenkmale" mit in Betrachtung zieht, was Dehio allerdings – für seinen Standpunkt sehr bezeichnenderweise – unterlassen hat. Eine Dorflinde mag man am Ende noch als ein Stück nationalen Daseins ansehen, weil sie von unseren Vorfahren gepflanzt wurde; aber ein gigantischer wilder Waldbaum oder eine senkrecht gewachsene Felswand ist von der Natur selbsttätig hervorgebracht, ohne Zutun menschlicher Hände. Warum empfinden wir es dann als einen Frevel, die Hand daran zu legen, den Baum zu fällen, die Felswand zu sprengen, und ihnen damit gleichsam das Lebenslicht auszublasen? Warum reklamieren wir auch für diese Naturerzeugnisse das Recht, sich gleichsam ungestört ausleben zu dürfen? Wir achten eben auch in ihnen die Zeugnisse vergangenen Daseins, Lebens und Schaffens, aber allerdings nicht des Daseins der Nation und auch nicht des Daseins der Menschheit, wie auf der vorher fixierten Entwicklungsstufe überhaupt, sondern des Daseins der Natur. Im Kultus der „Naturdenkmale" ist auch der letzte Rest von Egoismus – der auf die Menschheit bezügliche – überwunden, und mit der Teilnahme an den vergangenen Geschicken der außermenschlichen Natur der volle Altruismus erreicht. Der Kultus der Naturdenkmale ist der alleruninteressierteste: er verlangt von uns Lebenden mitunter Opfer für ein lebloses Naturding.
So sehen wir den modernen Denkmalkultus immer mehr dahin drängen, *das Denkmal nicht als Menschenwerk, sondern als Naturwerk zu betrachten,* und so

erklärt sich auch die schon öfter gemachte Beobachtung, daß ihm von den Gebieten der modernen Kunst keine näher steht, als die Landschaftsmalerei. Tierschutzbestrebungen und Denkmalschutzbestrebungen sind im Grunde aus einer und derselben Wurzel hervorgegangen. Bei beiden ist der Wunsch maßgebend, etwas zu vermeiden, was unser *subjektives* Gefühl verletzt, nicht bloß unser Kollektivgefühl für Menschenwürde oder gar bloß für Nationalwürde. Wir empfinden es als ein rein persönliches Leid, daß die Weißenkirchner alten Häuser fallen sollen: nicht deshalb, weil sie von unseren nationalen Vorfahren erbaut und bewohnt waren, und auch nicht so sehr, weil sie darüber hinaus Zeugnisse unserer eigenen menschheitlichen Vergangenheit darstellen, sondern weil sie überhaupt etwas in früheren Zeiten Gewordenes von bestimmtem individuellem Charakter sind und damit ein Recht darauf erworben haben, sich womöglich nach ihren eigenen Erhaltungsbedingungen auszuleben.

Wiewohl nun nach dem Gesagten Dehios Zurückführung des modernen Denkmalkultus auf ein Bedürfnis des Nationalgefühls den Sachverhalt keineswegs erschöpft, hat doch die darin enthaltene Grunderkenntnis, daß es sich dabei um die Pflege eines Gefühls handelt, bereits genügt, um Dehio die sozialistische Tendenz des modernen Denkmalkultus zu erschließen. „Das Interesse, das die Gesamtheit an einem Denkmale hat, überwiegt ganz unermeßlich das Interesse des Individuums." Das soll soviel heißen, als daß in der Regel bloß der einzelne Besitzer des Denkmals selbst von seinem egoistischen Standpunkte ein Interesse an der Beseitigung eines Denkmals haben kann, weil ihm seine Erhaltung solche materielle Opfer auferlegt oder ihn an der Erreichung anderer so gewichtiger Vorteile hindert, daß durch dieses starke egoistische Interesse sein altruistisches, die Erhaltung forderndes übertäubt und erstickt wird. Dagegen haben alle übrigen Menschen bloß das altruistische Interesse an der Erhaltung des Denkmals, worin sie durch keinerlei konkurrierende egoistische Interessen beirrt und behindert werden. Es ist dann gewiß nur billig zu verlangen, daß der Wunsch so vieler, wie sie die Gesamtheit ausmachen, gegenüber dem entgegengesetzten Wunsche eines einzelnen Berücksichtigung finde; dadurch gewinnt aber die Forderung nach öffentlichem Denkmalschutz allerdings einen sozialistischen Charakter. Eines ist jedoch dabei unumgängliche Voraussetzung: daß in der Tat die Gesamtheit oder doch wenigstens ein sehr wesentlicher und maßgebender Teil derselben die Forderung auf Erhaltung des Denkmals erhebt. Alle Schutzparagraphen würden sich ohnmächtig erweisen, wenn nicht das „Volk" von der Notwendigkeit des Schutzes überzeugt wäre und seine Ausübung selbst in die Hand nähme. Um aber diese Notwendigkeit als eine zwingende zu empfinden, genügt weder eine Auffassung, die im Denkmal bloß ein ästhetisches Lustmittel erkennt, noch jene andere, die damit wissenschaftlich-historische Liebhabereien befriedigen will. *Der Denkmalwert* muß vielmehr ein Gefühlswert und damit *zur Gefühlssache der breiten Masse, wenigstens der Gebildeten, geworden sein*, und das kann überhaupt erst von dem Momente an zutreffen, als wir im Denkmal ein „Stück des eigenen Daseins" zu schätzen gelernt haben.

Dies ist aber bloß eine, und zwar gewissermaßen die subjektive Seite, in welcher die sozialistische Tendenz in den modernen Denkmalschutzbestrebungen zutage tritt. Dazu gesellt sich noch eine andere objektive Seite, die in der Demokratisierung des Denkmals selbst beruht. Die Definition der „kunst- und historischen Denkmale" hatte noch eine aristokratische Auslese bedingt; diese muß aber in Wegfall kommen, sobald es sich beim Denkmal wesentlich nurmehr um das Altsein als solches handelt. Es wird vom Denkmal nichts mehr gefordert, als deutliche Altersspuren und eine hinreichende individuelle Geschlossenheit, wodurch es sich seiner Umgebung und der ganzen übrigen Welt entgegensetzt.

Daß dieser Sachverhalt heute noch vielfach verkannt, der Denkmalwert noch immer vorwiegend im „Schönen" und im „Historischen" gesucht wird, ist die eigentliche Quelle aller Unklarheiten, Mißverständnisse und erbitterten Streitigkeiten auf diesem Gebiete. Noch immer werden vielfach selbst solche, die angesichts jener alten Häuser der Wachau die Gefühlswirkung der Stimmung deutlich erfahren, sich trotzdem damit abmühen, zu erweisen, wie man im XVI. und XVII. Jh. „schöner" gebaut habe als heutzutage. Und die Aufgeklärteren werden betonen, daß diese Häuser kunsthistorische Details zeigen, die für die Architektur der Renaissance- und Barockzeit charakteristisch sind, und daß sie zugleich auch von der geschichtlichen Entwicklung auf zahlreichen anderen Gebieten menschlicher Kultur in den deutschösterreichischen Erblanden Zeugnis ablegen. Diese beiden Momente kommen auf der heutigen Stufe unserer Kulturentwicklung nebenher zweifellos auch noch mehr oder minder ansehnlich in Betracht; aber das erstere, soweit es überhaupt ernst empfunden wird und nicht auf Selbsttäuschung beruht, ist nur dem ästhetisch Gebildeten, das zweite bloß dem wissenschaftlich-historisch Gebildeten zugänglich. Das Entscheidende in der Wirkung eines Denkmals auf den modernen Beschauer bildet keines von beiden. Dieses liegt vielmehr in einem an sich undefinierbaren Gefühl, das sich lediglich als eine unstillbare Sehnsucht nach Anschauung eines „Alten" äußert. Wir bemerken an dem Hause, daß es „alt" ist, und sind darüber an und für sich entzückt. Daß man diesen Sachverhalt so lange verkannt hat und ihn sich selbst heute noch vielfach mit allen Kräften zu verhehlen trachtet, kann wohl am verständlichsten aus dem Unbehagen erklärt werden, das der moderne Gebildete jedesmal empfindet, wenn er einem nicht sofort verstandesmäßig zu Fassenden gegenübertritt. Der Beschauer will sich nicht eingestehen, daß er das Gefühl, das er angesichts eines Denkmals empfindet, sich nicht sofort erklären, könne, und so täuscht er sich vor, das Denkmal gefalle ihm, weil es schön oder weil es historisch interessant wäre. Auf diesem Wege ist wohl auch Dehio, trotz seiner Erkenntnis, daß der Denkmalwert auf einem Gefühle beruht, noch dazu gelangt, das Nationalbewußtsein als die entscheidende Triebfeder des Denkmalkultus hinzustellen, weil dieses Bewußtsein, auf der Rassezusammengehörigkeit begründet, einen wenn auch noch nicht physikalisch erklärten, so doch als tatsächlich vorhanden allgemein anerkannten Faktor bildet. Daß eine solche Auslese der Denkmale nach dem Gesichtspunkte ihrer Wichtigkeit für unsere nationale Vergangenheit, wie schon früher angedeutet wurde, noch eine Nachwirkung des Bannes der im XIX. Jh. herrschend gewesenen „historischen" Auffassung vom Wesen des Denkmals verrät und hierdurch eine Brücke zu dieser früheren, heute noch in weitverbreitetem Ansehen stehenden Auffassung bildet, mochte für Dehio ebenfalls etwas Lockendes und zugleich Beruhigendes gehabt haben. Nach unseren früheren Ausführungen wird man aber, wenn die letzten Ziele der modernen Denkmalpflege genannt werden sollen, Dehios Nationalgefühl mindestens durch das Menschheitsgefühl, wo nicht (wozu der Kultus der Naturdenkmale heute schon zwingt) durch ein Daseinsgefühl überhaupt ersetzen müssen. *Die Denkmale entzücken uns hienach als Zeugnisse dafür, daß der große Zusammenhang, von dem wir selbst einen Teil bilden, schon lange vor uns gelebt und geschaffen hat.* Eine solche Erklärung bedeutet ebensowenig einen Sprung ins Transzendente, als jene Dehios, die auf dem Nationalbewußtsein basiert.

Aber selbst wenn man die im vorstehenden gegebene Analyse und Erklärung des Gefühls, das man angesichts eines Denkmals empfindet, nicht zutreffend finden sollte: das eine wird man sich endlich klar und deutlich eingestehen müssen, daß es ein unwiderstehlich zwingendes *Gefühl* ist, das uns zum Denkmalkultus treibt, und nicht ästhetische und historische Liebhabereien. Wären es nur die letzteren, dann wäre nichts ungerechtfertigter, als der Ruf nach gesetzlichem Schutz. Wie könnten sich die Ästheten und Wissenschaftler herausnehmen zu verlangen, daß um ihrer künstlerischen und historischen Liebhabereien willen das Privatrecht auf tausend Punkten durchbrochen, die freie Verfügung nach vernunftgemäßen Rücksichten über die Denkmale eingeschränkt werde? Nur auf dem Vorhandensein und der allgemeinen Verbreitung eines Gefühls, das, verwandt dem religiösen Gefühle, von jeder ästhetischen oder historischen Spezialbildung unabhängig, Vernunfterwägungen unzugänglich, seine Nichtbefriedigung einfach als unerträglich empfinden läßt, wird man mit Aussicht auf Erfolg ein Denkmalschutzgesetz begründen können.

Das trotz vorgeschrittener Einsicht immer noch Halbe und Unzulängliche in der Auffassung Dehios vom „Denkmal als einem Stück unseres nationalen Daseins" mußte sich naturgemäß namentlich dann rächen, sobald der Versuch gemacht wurde, daraus die Grundsätze für die praktische Behandlung der Denkmale abzuleiten. „Konservieren, nicht restaurieren" lautet Dehios kurze Formel dafür, und die Restauratoren kommen in seinen Ausführungen übel genug weg. Diesen entschiedenen Einspruch gegen alle Wiederherstellungen an Denkmalen hat Dehio schon vor zwei Jahren auf dem deutschen Denkmaltage vertreten. Daß er damit auf den heftigsten Widerspruch der restaurierenden Architekten gestoßen ist, läßt sich unschwer begreifen. Schwerer verständlich ist es jedoch, daß ihm von Seiten seiner kunsthistorischen Kollegen nicht so eifrig sekundiert wurde, als er vielleicht selbst erwartet haben mochte. Es scheint, daß die Kunsthistoriker in Dehios Polemik eine schwache Seite merkten und daher trotz der Zustimmung, die sie den durch ihn proklamierten Grundsätzen entgegenbringen mußten, sich in ihren bezüglichen Erklärungen Reserve auferlegten. Die schwache Seite ist in der Tat vorhanden; sie beruht in nichts anderem als jenem wiederholt betonten Reste von „national-historischer" Bedeutung, den Dehio mit dem Denkmal neben oder trotz der auch von ihm erkannten Gefühlsbedeutung desselben noch immer verknüpfen möchte. Der Nachweis hiefür, der zugleich über die schwersten der zwischen restaurierenden Architekten und Kunsthistorikern vorhandenen Mißverständnisse Aufklärung bietet, soll später geführt werden; um die nötige klare Basis dafür zu schaffen, empfiehlt es sich zunächst, die Anschauungen eines modernen ausübenden Künstlers über Wesen und Behandlungsgrundsätze der Denkmalpflege kennen zu lernen.

Der Architekt Bodo Ebhardt gibt zwar in seiner Schrift keine präzise Definition des „Denkmals", aber er läßt uns nicht im geringsten in Zweifel darüber, daß für ihn der Wert eines Denkmals wesentlich in seiner historischen Bedeutung ruht. Nach Ebhardts Auffassung müßte die Definition etwa lauten: Wir schützen ein Denkmal, weil es uns ein in seiner Art geschlossenes Bild von einer früheren kulturgeschichtlichen Entwicklungsstufe gewährt. Was uns etwa angesichts einer Burg aus dem XIII. Jh. mit einem Lustgefühl erfüllt, wären hienach hauptsächlich die Ideenassoziationen gelehrter Art, die sich daran knüpfen; wir freuen uns, an der Burg alle jene Dinge wiederzufinden, die das uns auf dem Wege gelehrter Bildung bekannt gewordene

Kulturleben des XIII. Jh. charakterisieren. Ein Lustgefühl ist es also auch nach dieser Auffassung, das wir durch das Denkmal in uns erregt zu erhalten erwarten; aber dieses Gefühl ist kein so unmittelbares, wie das ästhetische, das durch Auffassung, Form und Farbe des Denkmals bedingt ist, oder vollends jenes hinreißende Stimmungsgefühl, das durch den Anblick des „Alten" an und für sich in uns hervorgerufen wird, sondern es gelangt erst auf dem Umwege bewußter Reflexion, der Verknüpfung äußerlich angelernter Ideen zustande.

Das kulturgeschichtliche Bild, dessen Hervorrufung wir gemäß dieser Auffassung vom Denkmal verlangen, ist nun ein um so deutlicheres, die Ideenassoziationen, durch die dieses Bild hervorgerufen wird, sind um so reicher, je vollständiger das Denkmal erhalten ist. Eine vollkommen erhaltene Burg ist daher vom Standpunkte dieser Auffassung einer Burgruine entschieden vorzuziehen. Wie aber, wenn eben bloß eine Ruine vorhanden ist, die uns nur mangelhafte Anhaltspunkte für die Anknüpfung der nötigen Ideenassoziationen gewährt? Um diese Ruine für den Denkmalkultus nach Ebhardts Auffassung vollwertig zu machen, müssen die mangelnden Glieder nach Tunlichkeit ergänzt, die Lücken ausgefüllt werden: mit einem Worte, die in Ruinen gesunkene Burg muß wieder hergestellt werden. Nur eins ist dabei strengste Bedingung: Das Ergänzte muß genau die Formen nachahmen, die an der gleichen Stelle früher vorhanden waren oder, falls darüber nicht mehr sichere Auskunft erlangt werden kann, wenigstens nach „echten" Vorbildern der gleichen Zeit und Kultursphäre kopiert oder neu entworfen werden. Daß Material und Arbeit dieser Ergänzungen neu sind, fällt nach Auffassung Ebhardts nicht ins Gewicht. Der „historische" Denkmalwert, den ja Ebhardt wesentlich anerkennt, beruht eben nicht so sehr auf Material oder Arbeit, sondern auf der Form. Gewinnen wir aus der Betrachtung einer wiederhergestellten Burg die Überzeugung, daß alle ihre Formen den Gebräuchen und Bedürfnissen des XIII. Jh. entsprechen, ohne daß ein Detail darunter uns als anachronistisch stören würde, dann entsteht in uns das begehrte Gefühl der Befriedigung über den Anblick eines so geschaffenen Kulturbildes aus dem Mittelalter, ohne daß wir uns im geringsten an den ergänzten Teilen stoßen. Die Ideenassoziationen, durch die das Lustgefühl in diesem Falle bedingt ist, knüpfen eben an die Formen an und nicht an die wirkliche Herstellungszeit. Wäre dem nicht so, dann gäbe es ja keinen historischen Roman, der sich ohne reale Zwischenglieder direkt an unser Bewußtsein wendet, wogegen die restaurierte Burg wenigstens greifbar und sichtbar zu unseren Sinnen spricht. Die Grundsätze der Auffassung des Architekten Ebhardt von Wesen und Aufgabe der Denkmalpflege müssen somit lauten: Wir schützen die Denkmale wegen ihres historischen Wertes; und um diesen historischen Wert zur vollen Geltung zu bringen, müssen wir die Denkmale nach Bedarf wiederherstellen.

Es sind, wie man sieht, die gleichen Grundsätze, die im letzten Drittel des XIX. Jh. die öffentliche Denkmalpflege fast durchwegs beherrscht haben; in Österreich war ihr hervorragendster Vertreter Friedrich v. Schmidt. Eine unter den Gebildeten so weitverbreitete und tiefgewurzelte Neigung wie jene für historische Ideenassoziationen konnte natürlich nicht mit einem Schlage verschwinden, als gegen Ende des vorigen Jahrhunderts allmählich aus dem „historischen" Werte der Denkmale der unmittelbar zum Gefühle sprechende „Alterswert" sich zu entwickeln begann.[3] Auch heute noch begegnet der historische Denkmalwert häufiger und mitunter begeisterter Schätzung, und Ebhardt ist daher völlig im Rechte, wenn er als stärkstes Argument zugunsten seiner Auffassung die Aufträge zitiert, die noch fortdauernd in Deutschland auf Wiederherstellung von Burgen erteilt werden. Eine bestimmte Wertschätzung für das „historische" Denkmal ist also zweifellos heute noch vorhanden; wir werden am Schlusse wenigstens im allgemeinen die Gebiete abzustecken versuchen, auf denen sich diese früher allmächtige Auffassung heute noch am kräftigsten und lebendigsten erhalten hat.

Daneben hat aber die neuere Auffassung, nach welcher der Denkmalwert in einer unmittelbaren Stimmungswirkung auf das Gefühl beruht, heute bereits solche Verbreitung gewonnen, daß auch Ebhardt dagegen die Augen nicht verschließen kann. Freilich eine Konzession an diese Auffassung, wie sie Dehio in seiner Definition vom Denkmal gemacht hat, wird man bei Ebhardt vergebens suchen. Daß er den „Zauber der sterbenden Ruine", den mindestens schon die Barockmaler entdeckt hatten, nicht verkennt, ist selbstverständlich, aber er läßt uns doch nicht im Zweifel darüber, daß er die Ruine wesentlich für ein notwendiges Übel ansieht, das man „aus praktischen Gründen" nur dann mit in Kauf nimmt, wenn die Mittel fehlen. Wo letztere vorhanden sind, ist die Wiederherstellung des Ursprünglichen absolut vorzuziehen, das heißt der Stimmungswert (für den die Burgruine übrigens ein zu absichtliches und daher relativ minder wirksames Medium bildet) ist nach Ebhardts Auffassung höchstens ein schwaches Surrogat für den historischen Wert eines Denkmals.

Aber diese bedingte Anerkennung des Ruinenwertes ist es nicht allein, wodurch Ebhardt eine gewisse Rücksicht auf die wachsende Bedeutung des Stimmungswertes in der Denkmalpflege verrät. Wiewohl er die Formel „Konservieren, nicht restaurieren" ausdrücklich bekämpft, weil das beste Konservieren eben im Restaurieren läge und weil die bisherigen Versuche von

Konservierung ohne Restaurierung sämtlich „künstlerisch schauderhaft" ausgefallen wären, ist doch der Hauptteil seiner Broschüre einer Aufzählung und Erörterung der Erhaltungsmaßregeln an Ruinen gewidmet. Die Grundsätze, die er hierfür aufgestellt hat, sind zwar zum überwiegenden Teile von der ausgesprochenen Tendenz auf Erhaltung des historischen Charakters diktiert, aber es sind darunter auch solche, die ein volles Verständnis für die Hauptmittel der Stimmungswirkung verraten. So z. B., indem Ebhardt den Fugenausstich 3–4 cm tiefer als die Vorderflucht der Steine zurückzulegen verlangt, um die für die Stimmungswirkung so köstlichen und unersetzlichen Schatten in den Fugen zu retten, – ein Vorgang, der leider nur zu häufig bei der Sicherung alter Mauern vernachlässigt wird. Dem historischen Werte wird durch solche Behandlung der Fugen eher entgegengearbeitet, da diese ursprünglich gewiß sauber ausgefüllt gewesen sind, was Ebhardt selbst mit Recht betont; wenn er sie trotzdem klaffen läßt, damit sie Schatten hervorbringen, bezeigt er damit – vielleicht unwillkürlich – seine Reverenz vor dem Anblick des Alters an und für sich und dem darauf beruhenden Stimmungsgefühl. Es wird daher auch derjenige, der den Schwerpunkt des Denkmalwertes nicht mehr in seinem historischen Charakter sucht, die in der Ebhardtschen Broschüre entwickelten Grundsätze zur Erhaltung von Burgruinen mit Nutzen lesen.

So sieht sich selbst Ebhardt zu einer gewissen, wenn auch nicht offen eingestandenen Anerkennung des Alterswertes der Denkmale und damit zu einer teilweisen Durchbrechung seiner Grundauffassung vom historischen Werte als dem einzigen Wertfaktor am Denkmal gezwungen. Aber noch nach einer anderen, entgegengesetzten Seite hin – nach der ästhetischen – ist eine solche Durchbrechung in seinen Ausführungen zu beobachten.

In bezug auf die Forderung historischer Treue und Echtheit entwickelt Ebhardt eine puritanische Strenge. So verlangt er unter anderem, daß selbst für solche Arbeiten an Burgen, die für private Rechnung geführt werden, das Bauprogramm durch die Regierung (offenbar als Denkmalschutzbehörde) und auf deren Kosten ausgeführt werde; ferner daß Ausgrabungen auf Burgenterrain (von denen in der Regel die wichtigsten Anhaltspunkte für die Wiederherstellung zu erwarten stehen) Privaten überhaupt untersagt werden. Das sind lediglich im Interesse einer historisch möglichst treuen Wiederherstellung der ehemaligen Burgenformen geschöpfte Bestimmungen, wie sie kaum ein Gesetzgeber in ein Denkmalschutzgesetz aufzunehmen sich getraute, weil sie doch nur einer wissenschaftlich-gelehrten Liebhaberei Befriedigung schaffen sollen. Die ergänzten Mauerteile will Ebhardt als solche stets ausdrücklich durch bestimmte Zeichen signiert sehen; je nach dem Grade der

Treue in bezug auf die „Echtheit" der zugehörigen Teile bilden diese Zeichen eine Skala, wie sie selbst einer der von Ebhardt so verlästerten „Theoretiker" nicht spitzfindiger hätte ausklügeln können, und die mit dem, wie wir gleich hören werden, sonst vom Restaurator verlangten künstlerischen Schwung seltsam kontrastieren. Man möchte nun meinen, daß bei einer solchen Absicht auf absolute historische Treue, die doch nur durch das gewissenhafteste Studium alter Vorbilder und schriftlicher Quellennachrichten erreicht werden kann, der restaurierende Architekt als schöpferischer Künstler vollständig hinter dem Historiker zurücktreten würde. Aber gerade dagegen erhebt Ebhardt den lebhaftesten Protest. Nicht allein daß der Architekt zur Beschaffung der „Grundlagen" der Wiederherstellung der Beihilfe des Historikers nicht bedarf, spielt überhaupt der Künstler die entscheidende Rolle bei jeder Restaurierung. Eine solche sei stets in erster Linie eine Personenfrage, wird Ebhardt nicht müde zu wiederholen. Handelte es sich nun wirklich um eine nackte Kopierung des historisch Gegebenen, dann wäre es unverständlich, warum hierfür ein schöpferischer Künstler verlangt wird, während für eine solche Aufgabe doch der Techniker vollständig ausreicht, sofern ihm die historischen Vorbilder in unzweifelhafter Form geliefert werden. Daß bei den freien Restaurierungen in der Romantikerzeit die erfindenden Architekten die Hauptrolle gespielt haben, ist uns ohneweiters verständlich; freilich hat Ebhardt für jene Erstlinge der modernen Denkmalpflege, weil sie der historischen Treue ermangeln, nur tadelnde Worte. Ebhardt gesteht also mit seiner Forderung nach einem erfindenden Künstler zur Leitung aller Wiederherstellungsarbeiten an Burgen unwiderleglich ein, daß dabei Aufgaben für schöpferisch tätige Architekten zu lösen und nicht bloß historisch sichergestellte Vorbilder faksimilemäßig zu kopieren sind.[4] Damit durchbricht er aber seine eigene sonstige Auffassung vom alleinigen „historischen" Wert aller Denkmale, denn das neu Erfundene ist eben kein Historisches und hat darum auch keinen Anspruch darauf, in uns ein treues Kulturbild früherer Zeiten zu erwecken. Und in der Tat wird der moderne, denkende und empfindende Beschauer jede Wiederherstellung einer mittelalterlichen Burg, mag er einzelne Details davon oder auch ihre Gesamtanlage dem in seiner Vorstellung vorhandenen Bilde einer solchen noch so entsprechend finden, mit einem unüberwindlichen Reste von Mißtrauen betrachten, weil er eben dabei den Gedanken nicht los werden kann, daß ein moderner, schöpferischer Künstler diese Verhältnisse, Linien, Formen nachempfunden und in Wirklichkeit umgesetzt hat.

Man muß also Ebhardt in der Tat darin Recht geben, daß eine absolut vollständige Wiederherstellung einer Burg nach vorhandenen gesicherten Grundlagen kaum in einem Falle möglich und dabei fast immer der allerdings „im alten Geiste" erfindenden Ergänzungstätigkeit des schöpferischen Künstlers stets mehr oder minder breiter Spielraum gewährt ist. Dann darf man aber auch nicht verlangen, daß der Beschauer die Wiederherstellung für ein treues, kulturgeschichtliches Bild der Vergangenheit nimmt; vor einigen Dezennien hatte man es damit freilich nicht so streng genommen, heute aber, nachdem unsere Sinne in bezug auf das historische Detail infolge unablässiger tiefschürfender Studien unendliche Schärfung erfahren haben, ist über diesen Sachverhalt wohl keine Täuschung mehr zulässig.

Damit sind wir zu dem Punkte gelangt, aus dem das grundsätzliche Mißverständnis zwischen Kunsthistorikern und Architekten in bezug auf die Denkmalpflege entsprungen ist und, wie gerade die beiden in Rede stehenden Schriften wieder beweisen, noch heutigen Tages immer neu geboren wird. Ebhardt sagt: Der Restaurator strebe nur historische Treue an, der Historiker (er nennt ihn „Theoretiker") habe aber dabei nichts zu tun. Nun wird selbst von unbefangenen Architekten zugegeben, daß alle „historische" Restaurierungstätigkeit auf einer Kooperation der beiden Berufskreise beruht, denn Ebhardt stellt sich doch das Beschaffen der Grundlagen allzu leicht vor, wenn er meint, daß es vom schaffenden Architekten so nebenher besorgt werden könne. Da ist es nun nicht unbegreiflich, wenn ein Historiker, der ebenfalls wenigstens zum Teile an der Theorie vom „historischen" Werte des Denkmals festhält, die entgegengesetzte Meinung zum Ausdruck bringt. „Die Denkmalpflege ist nicht eine Aufgabe für Künstler, sondern sie liegt wesentlich im Bereiche des historischen und kritischen Denkens." So äußert sich Dehio an jener Stelle seiner Schrift, wo er sich mit dem Restaurierungswesen unserer Zeit auseinandersetzt.

Es scheint nun, daß es dieser Satz ist, der die Kunsthistoriker davon zurückgehalten hat, Dehio sofort in jenem Maße zuzustimmen, als seine Darlegungen verdient hätten. Es ist in der Tat dagegen auf das lebhafteste zu protestieren. Vor allem widerspricht Dehio damit seiner eigenen, von ihm früher proklamierten Erkenntnis, daß wir im Denkmal „ein Stück nationalen Daseins" schützen. Das Nationalgefühl als Basis des Denkmalwertes hat weder mit dem Bereich des historischen noch mit jenem des kritischen Denkens etwas zu tun. Was Dehio zu dieser seiner eigenen Grundüberzeugung widersprechenden Äußerung geführt hat, ist, wie schon früher angedeutet wurde, nichts anderes als die Vermengung des von ihm richtig erkannten Gefühlsmomentes mit dem davon gänzlich verschiedenen, tatsächlich wesentlich im kritischen Bereiche gelegenen historischen Momente im Denkmalbegriff. Dehio empfand deutlich, daß mit diesem Begriffe in seiner modernsten Entwicklung der erfindende Künstler nichts zu schaffen habe; in der Polemik gegen diesen übersah er aber, daß auch der Historiker nicht mehr das zuständige Forum für die Beurteilung des Denkmalwertes bildet. Die Denkmalpflege ist gewiß nicht eine Aufgabe für Künstler, sie liegt aber auch nicht mehr wesentlich im Bereiche des historischen und kritischen Denkens, sondern sie ist überwiegend bereits zur Gefühlssache geworden. Wird erst einmal diese Anschauung allgemein durchgedrungen sein, dann ist auch das Mißverständnis zwischen Architekten und Historikern in Wegfall gekommen, denn nur das „Historische" im Denkmalbegriff bildet den Zankapfel zwischen den Parteien. Heute sind wir freilich noch nicht so weit, und Herr Ebhardt wird wohl nicht allein noch viele Burgruinen nach seinen vortrefflichen Grundsätzen erhalten, sondern auch zahlreiche Burgen mit seiner „künstlerischen Fähigkeit des Architekten" wiederherstellen. Obgleich unsere historische Detailbildung bereits so weit vorgeschritten ist, daß wir längst einzusehen gelernt haben, wie unvollkommen die Befriedigung unseres Triebes nach anschaulicher, kulturgeschichtlicher Erkenntnis ist, die uns das Stückwerk, wie es restaurierte Burgen und Kirchen, Museumssammlungsobjekte und dergleichen darbieten, zu vermitteln vermag, so hat die Freude an solchen „lebenden Bildern" aus der Geschichte doch noch immer ihre zahlreichen Anhänger. Die Objekte hiefür sind hauptsächlich entweder in fortdauerndem Gebrauche erhaltene Bauten, wie die mittelalterlichen Dome, die man nicht dem Verderben preisgeben kann und doch nicht mit modernem Flickwerk ergänzen mag, oder aber Werke, die aus ganz andern Kulturvoraussetzungen als die modernen hervorgegangen sind und schon aus diesem Grunde keine modernen Formen in sich aufnehmen können. Zu der letzteren Gattung zählen aber die Burgen. Daß gerade sie, trotz des starken (allzustarken) Stimmungseindruckes, den ihre Ruinen gewähren, heute mit so viel Vorliebe der Wiederherstellung zugeführt werden, mag sich wenigstens zum Teile auch aus dem begreiflichen Wunsche ihrer adeligen Besitzer erklären, in Erinnerung an den Ursprung ihres Standes aus dem Waffenhandwerk mit den wehrhaften Burgen gewissermaßen ein Stück ihres eigenen vergangenen Daseins wenigstens in der äußeren Form wieder aufleben zu sehen.

Anmerkungen

1 *Denkmalschutz und Denkmalpflege im neunzehnten Jahrhundert.* Rede zur Feier des Geburtstages Sr. Maj. des Kaisers, gehalten in der Aula der Kaiser Wilhelm-Universität am 27. Januar 1905 von Dr. Georg Gottfried Dehio, o. Prof. der Kunstgeschichte. Straßburg. J. H. Ed. Heitz 1905 8⁰ 27 S.

2 *Über Verfall, Erhaltung und Wiederherstellung von Baudenkmalen mit Regeln für praktische Ausführungen.* Von Bodo Ebhardt, Architekt, Berlin. Franz Ebardt & Co. 1905 8⁰ 49 S.

3 Den Prozeß, mittels welchen der auf unmittelbare Stimmungswirkung abzielende Alterswert des Denkmals aus dem auf gelehrter Bildung beruhenden historischen Werte, durch die vagbegrenzte Übergangsstufe des „kulturhistorischen" Wertes hindurch hervorgegangen ist, habe ich darzulegen gesucht in der Schrift Der moderne Denkmalkultus (Wien Braumüller 1903) 15–17.

4 In diesem Zusammenhange darf auch noch einmal auf die schon an früherer Stelle zitierte Äußerung verwiesen werden, daß die bisherigen Versuche reiner Erhaltungsmaßnahmen an Burgruinen ein „künstlerisch schauderhaftes" Ergebnis gezeitigt hätten. Darin gelangt eine Wertbeurteilung des Denkmals vom Standpunkte des modernen Kunstgeschmacks zum Ausdrucke, wie sie mit dem Denkmalbegriff im Grunde unvereinbar, bei einem schaffenden Künstler allerdings sehr begreiflich ist.

... und heute?
Georg Dehio und Alois Riegl, 1987 gelesen

„Schlimmer noch, als der Untergang der einzelnen Stücke, ist der Verlust an Lebenswärme, an historischer und künstlerischer Gesamtstimmung, an jener Vornehmheit, die nur das Alter hat." Und: „Das zwanzigste Jahrhundert wird die vom neunzehnten begangenen Fehler nicht wieder gut machen können, aber es wird sie nicht wiederholen." Georg Dehios Worte haben gegen Ende dieses Jahrhunderts anderen Klang und Funktion als 1905 in Straßburg. Was damals von zuversichtlicher Hoffnung getragene Aufforderung war, ist heute doppelte Prüfung. Prüfen müssen wir, ob wir in der Tat die damals benannten Fehler vermieden haben und weiterhin, ob wir intensiv genug versucht haben, neue Fehler zu vermeiden. Zu solcher Prüfung können die hier neu herausgegebenen und damit leichter erreichbaren Texte eine Hilfe sein. Voraussetzung ist, daß man ihre damalige Betroffenheit über verfehltes Denken und Tun am Denkmal nicht nur als Dokument der Zeitgeschichte (das in ihnen enthalten ist!) wertet, sondern als Bereitschaft zu Einsicht und Korrektur in unsere Tage übersetzt.

Bei allen in den Texten dieses Buches erkennbaren Unterschieden zwischen Georg Dehio und Alois Riegl ist eines deutlich: Sie erleiden den Untergang des historischen Erbes nicht als den Verlust einiger kostbarer Dinge, sondern als Verzicht auf gründsätzliche menschliche Möglichkeiten und auch als Perversion menschlichen Erinnerungsdenkens und -handelns. Entsprechend beobachten und beurteilen Georg Dehio und Alois Riegl nicht nur die ihnen gegenwärtige Praxis und die hinter ihr erkennbaren Motive, sondern formulieren, als Erwartungen an die Zukunft, Gedanken, die in ihrer Grundsätzlichkeit Ansätze zu einer Denkmalpflegetheorie sind, die auch heute noch brauchbar ist. Daß beide Autoren dabei weder konsequent bis ins Letzte noch ohne innere Widersprüche sind, ist dem aufmerksamen Leser bald klar, war aber auch den Verfassern deutlich, so, wenn etwa Dehio in der Straßburger Rede nach dem neugewonnenen Motto „Konservieren statt Restaurieren" dennoch Vorbereitungen für irgendwann einmal nötiges Restaurieren fordert. Und auch Alois Riegl macht bei aller geradezu kultischen Betonung des Alterswertes so viele gravierende Einschränkungen im Hinblick auf dessen augenblickliche und dauernde Akzeptanz, daß der intellektuelle Auftrag, mit

Dehio und Riegl weiterzudenken, unüberhörbar ist. Eines nämlich wäre angesichts der unbestreitbar grundsätzlich richtigen Einsichten in diesen Texten geistige Verschwendung unsererseits: nur die Widersprüche und Unfertigkeiten festzustellen und sich damit von den Forderungen Dehios und Riegls schnell dispensiert zu fühlen. Im Gegenteil: Hinsichtlich einiger Konsequenzen aus den Schriften beider Autoren hat uns das Jahrhundert, an dessen Anfang sie standen, erfahrener und hoffentlich einsichtiger gemacht. Die damals nur in spektakulären Fällen als extreme Ausnahme erscheinenden Wiederaufbausituationen (z. B. Hamburg, Michaeliskirche; Venedig, Campanile von San Marco) sind in unvorherdenkbarem Ausmaß über uns hereingebrochen und haben den Satz „Konservieren statt Restaurieren" auf eine grausame Bewährungsprobe gestellt. Dabei wird deutlich: So grundsätzlich, wie vor 1914 über die schicksalhafte Bindung des Denkmals an die Einmaligkeit seiner Materie nachgedacht wurde, ist nach den Zerstörungen der großen Kriege selten reflektiert worden. Dies nur mit der Betroffenheit einer ihrer Denkmalwelt beraubten Bevölkerung, die gebieterisch den Wiederaufbau in alter Form gefordert hätte, zu erklären, wäre zu einfach. In vielen Fällen läßt sich nachweisen, daß gerade die Fachwelt sich nicht einmal mit dem – hinreichend problematischen – Wiederaufbau der zuletzt existierenden Form eines Denkmals zufrieden gab, sondern den Wiederaufbau-Auftrag benutzte – im Verständnis John Ruskins und Georg Dehios mißbrauchte –, um der Beschäftigung des 19. Jahrhunderts, „stilrein zu bauen", mit neuem Ehrgeiz nachzugehen. St. Maria im Kapitol in Köln, deren staufische Ostapsis erst 1948 fiel und die insgesamt in die fiktive Gestalt des 11. Jahrhunderts zurückgebaut wurde, mag an der Spitze einer wie im 19. Jahrhundert langen Reihe von solchen Denkmalfälschungen stehen.

Es würde über Hinweise zur Aktualität der Dehioschen und Rieglschen Gedanken weit hinausgehen, man müßte eine Chronik und wertende Sichtung der Denkmalpflege seitdem und besonders seit 1945 in der Bundesrepublik und der DDR schreiben, wenn man hier mit einer systematischen Beispielsammlung fortfahren wollte. Zur Kritik an dem, was in den letzten Denkmalpflege-Jahrzehnten geschah, „reichen" Dehios und Riegls Texte allemal. Liest man sie nicht nur historisch interessiert, sondern „sympathisch", mitleidend, und mit unserer heutigen Denkmalzivilisation vor Augen, dann wird man das offenkundige Manipulieren der Denkmalwelt, ihr Sich-Gefügig-Machen, als ein ähnliches Sakrileg verstehen wie die endgültige Verschleuderung anderer kostbarer Umweltressourcen.

Diese Kritik am beliebigen Verfügen über etwas, das nur treuhänderisch anvertraut ist, ist der Kernpunkt in Dehios und Riegls Gedanken. Sie sehen im kritisierten Denkmalpflegeverhalten weit mehr als fachlichen Unverstand, sie werten es als Teil eines ethisch fragwürdigen Zivilisationsverhaltens. Deshalb, so will es scheinen, begründen sie ihre Kritik nicht nur mit fachlichen Argumenten, sondern bemühen, eingedenk des sakrilegartigen Fehlverhaltens am Denkmal, die Rückkehr zu anthropologischen Grundeinsichten, um grundsätzliche Änderungen zu erreichen. Riegls „Alterswert" ist dafür das deutlichste Beispiel. Es ist gewiß richtig, diesen Begriff auch aus dem Wien um 1900 zu verstehen, ist gewiß notwendig, über Riegls praktische Andeutungen hinaus den „Alterswert" in die denkmalpflegerische Praxis umzusetzen, so wie dies schon 1849 John Ruskin in *The Seven Lamps of Architcture* tat – übersehen sollten wir aber mit Riegl nicht, daß wir die für ihn axiomatische Rücksicht auf die materiellen Zeugnisse des Menschen in seiner Geschichte mit den Mitteln der historischen Wissenschaften nicht grundsätzlich begründen, sondern nur instrumentieren können. Dies ist der Grund, der ihn glauben ließ, der „Alterswert" des Denkmals müsse den „historischen Wert" in einem qualitativen Sprung hinter sich lassen. Das Bestehen auf der religionsartigen Pietät gegenüber den Denkmälern als den materiellen Begleitern unserer Zeitlichkeit war für Riegl nicht mit dem so überdeutlich mißbrauchten historischen Wert begründbar; in größerer Verbindlichkeit sah er den Alterswert. Wir würden ihn heute anders beschreiben, würden besonders bemüht sein, jeden Verdacht von hedonistischem Egoismus bei seiner Wahrnehmung zu vermeiden, würden vor allem versuchen, den kognitiv historischen Wert mit dem Alterswert geschwisterlich zu versöhnen – auch in der denkmalpflegerischen Praxis; vereint mit Riegl und Dehio müßten wir auch heute versuchen, die Grundsätzlichkeit von Denkmalerhaltung zu begründen. Zu solcher Einsicht in diese Erhaltungsnotwendigkeit sollten uns die Erfahrungen seitdem noch reifer gemacht haben. Wir wissen seit 1900 sehr viel mehr über die Denkmäler und einiges mehr auch über uns. Die vielfältigen Formen der Gefährdung, des Verlustes, der Verteidigung der Denkmäler haben neue Einsichten in die Rolle des Denkmals in unserer Gesellschaft möglich gemacht. Die um 1900 erst andeutungsweise benennbare Rolle der Denkmäler für sehr unterschiedliche Identifikationen von sehr unterschiedlichen Gesellschaften wird mehr und mehr erkennbar – genug, sollte man meinen, um diesen Teil unserer Umwelt aus leichtfertiger Verfügbarkeit und Vergeudung begründet herauszuhalten.

Das Gegenteil ist der Fall: Mußten Dehio, Riegl und ihre Mitstreiter die schwere Beeinträchtigung der Denkmäler aus ästhetischen, ideologischen, politischen und wissenschaftlichen Gründen beklagen, so trifft uns – wie damals in Friedenszeiten – eine noch gewalttätigere Manipulation der Denkmäler. Weitgehend sind sie zu vollständiger hedonistischer und kommerzieller Verfügungsmasse abgesunken. Gewiß, seit wir mit Alexander Mitscherlich einen Teil der Unwirtlichkeit unserer Städte auch auf ihren Verlust an geschichtlicher Bausubstanz zurückgeführt haben, ist das gänzliche Verschwinden von historischer Baugestalt geringer geworden. In welchem Geist diese neue Rücksicht meist handelt, ist jedoch alles andere als ermutigend! Auf der einen Seite werden die bestehenden Objekte einem hemmungslosen Kommerzialisierungsdruck unterworfen und durch Aushöhlung, Unterhöhlung, grotesk geänderter und gesteigerter Nutzung ihrer glaubwürdigen Wirklichkeit beraubt; auf der anderen Seite sind Rekonstruktionen, Komplettierungen, Imitationen von verschwundenen oder gar nie existierenden Denkmälern wieder so selbstverständlich geworden wie seit 80 Jahren nicht mehr. Es ist typisch, daß auch *die* Wiederherstellungsbaustellen nach 1945, bei denen man in richtiger Scheu von vollständig rekonstruierendem Wiederaufbau absah, heute mit zupackender Unbekümmertheit angegangen werden – als Beispiel mögen das Aachener Rathaus, die Frankfurter Paulskirche und die Alte Pinakothek in München stehen. Es ist typisch, daß *die* Ruine, anläßlich deren grotesker Rekonstruktionsabsicht im Jahre 1907 Dehios Kampfgefährte Paul Clemen dem „Restaurieren" die, wie er glaubte, letzte dramatische Absage erteilte, die Trierer Kaiserthermen, zur Zeit komplettiert und teilrestauriert wird.

Es ist hier nicht Raum darzulegen, mit welchem Anteil die Fachwelt an solchen Vorgängen initiativen oder „nur" gehorsamen gutachterlichen Anteil hat oder sich immer noch tapfer widersetzt. Feststellen muß man jedenfalls, daß unsere angehäufte Betroffenheit über den vielfältigen Untergang der Denkmäler in Krieg und Flächensanierung solche oberflächlichen Manipulationen ebensowenig hat vermeiden können wie unsere zweifellos gewachsene fachliche Kenntnis der Denkmäler und das Bewußtsein von deren Unwiederholbarkeit. Kann es sein, daß über die fachwissenschaftliche, zum Beispiel kunsthistorische, Argumentation *allein* eine hilfreiche Betroffenheit der großen Öffentlichkeit nicht erreichbar ist? Es stimmt jedenfalls nachdenklich, wenn, gleichsam auf dem umgekehrten Nichtverständigungsweg, die denkmalpflegerische Klage über die – unsichtbare – Anlegung einer Tiefgarage unter dem Würzburger Residenzplatz von kunsthistorischer Seite als Irrationalismus und damit als unerheblich bezeichnet wurde. Als ob die Wirklichkeit des Denkmals nur in seinen kunsthistorisch beschreibbaren Eigenschaften bestünde!

Alois Riegl ging in die richtige Richtung, als er neben dem historischen Wert einen noch unmittelbarer und tiefer wirkenden Impuls der Denkmalwelt ausmachte, der als „Alterswert" jeden Menschen erreicht. Er ging vermutlich zu weit, wenn er in seinen Erwartungen an diesen Alterswert – Erwartungen, die er freilich immer wieder selbst relativierte – annimmt, der historische Wert würde sich schließlich gänzlich im Erlebnis des naturhaften Altseins auflösen. Die richtige Richtung war auch mit seinem Vergleich von Denkmalschutz und Naturschutz eingeschlagen. Wenn Alois Riegl dabei die Erwartungen an die Gegenstände solchen Schutzes einander anglich, dann müssen wir ihm widersprechen: Historische und Naturdenkmale geben unserer Existenz gewiß sehr unterschiedliche Hinweise und Impulse. Wenn er aber andeuten wollte, daß auf beiden Schutzgebieten nur grundsätzliches kritisches Verhalten gegenüber der eigenen Zivilisation, Bereitschaft auch zu prinzipieller Umkehr eine Minderung von Mißbrauch, Verfremdung und Zerstörung bringen könne, dann hatte er zweifellos recht. Dies war und ist nicht der untaugliche Ruf nach Traditionsinseln oder Reservaten, sondern die Aufforderung, auch im denkmalpflegerischen Bereich darüber nachzudenken und danach zu handeln, auf welche moderne Weise wir in bewahrendem Frieden mit unserer historisch begründeten Umwelt leben können. Zum „Leben-Können" mit dem Denkmal gehört, dieser Hinweis Alois Riegls bleibt gültig, daß wir dem Denkmal auch das Recht auf seinen Untergang einräumen, daß wir die Würde seines Alters und Alterns mit berechtigten Schutz- und Pflegemaßnahmen ins Einvernehmen setzen. Zu diesem „Leben-Können" mit dem Denkmal gehört die sorgfältige Unterscheidung zwischen sinnvoller Integration in heutiges Leben und zerstörender Ausbeutung durch unseren Zugriff.

Von solch sinnvoller Integration war auch die Zeit um 1900 bereits weit entfernt. Dehio gibt uns eine konkrete Idee vom Ausmaß der gesellschaftlichen Veränderung, die er für das richtige Leben mit dem Denkmal für notwendig hielt: Wenn er in der gleichen Straßburger Rede, in der er auch die Überprüfung des Eigentumsrechts an Denkmälern fordert, den Reichtum einer erhaltenen Denkmalwelt nur noch in Europas ärmsten Gegenden ausmacht, dann will uns dies nicht als die Nennung eines pittoresken Reiseziels in eine unwiederholbare Vergangenheit erscheinen, sondern als Aufforderung, die Wertsetzungen unserer Zeit kritisch zu befragen und entsprechend zu reagieren. Auch darin sind uns Georg Dehio und Alois Riegl Vorbilder: Ihre Überlegungen sind keine schöngeistigen Essays, sondern stehen im Zusammenhang mit zupackenden Vorschlägen für die denkmalpflegerische Alltagspraxis. Schon 1899 hatte Dehio ein Kurzinventar mit sofortig wirksamer Schutzfunktion durch Information der Öffentlichkeit gefordert, das im Jahr der Straßburger Rede zu erscheinen begann. Und Alois Riegls *Denkmalkultus* ist die Einleitung zu einem Denkmalschutzgesetz mit seinen konkreten Einwirkungen auf das Geschick der Denkmäler. Dehios Forderung nach einer denkmalschützerischen Eigentumsordnung ist definitiorisch zu einem Teil eingelöst, wenn heute die Sozialpflichtigkeit des Eigentums auch bei Denkmalbesitz grundsätzlich und in zahlreichen Gerichtsurteilen bestätigt wird.

Nur: Von welchen Denkmälern ist da noch die Rede, wenn wir die neuausgefüllten historischen Fassaden unserer Einkaufsparadiese, die nostalgischen Reste in einer industrialisierten Produktionslandschaft, kurz, die in jeder Hinsicht produktions- und konsumkompatible Denkmalwelt betrachten? Hier helfen in erster Instanz nicht Gerichtsurteile, hier ist Nachdenken über wirkliche Alternativen nötig - heute wie damals.

Georg Mörsch

Quellenhinweise

Georg Dehio, Was wird aus dem Heidelberger Schloß werden?, Straßburg (Verlag von Karl J. Trübner) 1901

Alois Riegl, Der moderne Denkmalkultus. Sein Wesen und seine Entstehung, Wien 1903

Georg Dehio, Denkmalschutz und Denkmalpflege im neunzehnten Jahrhundert. Festrede an der Kaiser-Wilhelms-Universität zu Straßburg, den 27. Januar 1905, in: Georg Dehio, Kunsthistorische Aufsätze, München/Berlin 1914

Alois Riegl, Neue Strömungen in der Denkmalpflege, in: Mitteilungen der k.k. Zentralkommission für Erforschung und Erhaltung der Kunst- und historischen Denkmale, hrsg. von Max Dvořák, Wilhelm Kubitschek und Alois Riegl, Dritte Folge, Vierter Band, Wien 1905

Bauwelt Fundamente

1 Ulrich Conrads (Hrsg.), Programme und Manifeste zur Architektur des 20. Jahrhunderts
2 Le Corbusier, 1922 – Ausblick auf eine Architektur
3 Werner Hegemann, 1930 – Das steinerne Berlin
4 Jane Jacobs, Tod und Leben großer amerikanischer Städte*
5 Sherman Paul, Louis H. Sullivan*
6 L. Hilberseimer, Entfaltung einer Planungsidee*
7 H. L. C. Jaffé, De Stijl 1917–1931*
8 Bruno Taut, Frühlicht 1920–1922*
9 Jürgen Pahl, Die Stadt im Aufbruch der perspektivischen Welt*
10 Adolf Behne, 1923 – Der moderne Zweckbau*
11 Julius Posener, Anfänge des Funktionalismus*
12 Le Corbusier, 1929 – Feststellungen
13 Hermann Mattern, Gras darf nicht mehr wachsen*
14 El Lissitzky, 1929 – Rußland: Architektur für eine Weltrevolution*
15 Christian Norberg-Schulz, Logik der Baukunst
16 Kevin Lynch, Das Bild der Stadt*
17 Günter Günschel, Große Konstrukteure 1
18 nicht erschienen
19 Anna Teut, Architektur im Dritten Reich 1933–1945*
20 Erich Schild, Zwischen Glaspalast und Palais des Illusions
21 Ebenezer Howard, Gartenstädte von morgen
22 Cornelius Gurlitt, Zur Befreiung der Baukunst*
23 James M. Fitch, Vier Jahrhunderte Bauen in USA*
24 Felix Schwarz und Frank Gloor (Hrsg.), „Die Form" – Stimme des Deutschen Werkbundes 1925–1934
25 Frank Lloyd Wright, Humane Architektur*
26 Herbert J. Gans, Die Levittowner. Soziographie einer »Schlafstadt«
27 Günter Hillmann (Hrsg.), Engels: Über die Umwelt der arbeitenden Klasse
28 Philippe Boudon, Die Siedlung Pessac – 40 Jahre

29 Leonardo Benevolo, Die sozialen Ursprünge des modernen Städtebaus*
30 Erving Goffman, Verhalten in sozialen Strukturen*
31 John V. Lindsay, Städte brauchen mehr als Geld*
32 Mechthild Schumpp, Stadtbau-Utopien und Gesellschaft*
33 Renato De Fusco, Architektur als Massenmedium
34 Gerhard Fehl, Mark Fester und Nikolaus Kuhnert (Hrsg.), Planung und Information
35 David V. Canter (Hrsg.), Architekturpsychologie
36 John K. Friend und W. Neil Jessop (Hrsg.), Entscheidungsstrategie in Stadtplanung und Verwaltung
37 Josef Esser, Frieder Naschold und Werner Väth (Hrsg.), Gesellschaftsplanung in kapitalistischen und sozialistischen Systemen*
38 Rolf-Richard Grauhan (Hrsg.), Großstadt-Politik*
39 Alexander Tzonis, Das verbaute Leben*
40 Bernd Hamm, Betrifft: Nachbarschaft
41 Aldo Rossi, Die Architektur der Stadt*
42 Alexander Schwab, Das Buch vom Bauen
43 Michael Trieb, Stadtgestaltung*
44 Martina Schneider (Hrsg.), Information über Gestalt
45 Jörn Barnbrock, Materialien zur Ökonomie der Stadtplanung
46 Gerd Albers, Entwicklungslinien im Städtebau*
47 Werner Durth, Die Inszenierung der Alltagswelt
48 Thilo Hilpert, Die Funktionelle Stadt
49 Fritz Schumacher (Hrsg.), Lesebuch für Baumeister
50 Robert Venturi, Komplexität und Widerspruch in der Architektur
51 Rudolf Schwarz, Wegweisung der Technik und andere Schriften zum Neuen Bauen 1926–1961
52 Gerald R. Blomeyer und Barbara Tietze, In Opposition zur Moderne
53 Robert Venturi, Denise Scott Brown und Steven Izenour, Lernen von Las Vegas
54/55 Julius Posener, Aufsätze und Vorträge 1931–1980
56 Thilo Hilpert (Hrsg.), Le Corbusiers „Charta von Athen". Texte und Dokumente. Kritische Neuausgabe
57 Max Onsell, Ausdruck und Wirklichkeit
58 Heinz Quitzsch, Gottfried Semper – Praktische Ästhetik und politischer Kampf

59 Gert Kähler, Architektur als Symbolverfall
60 Bernard Stoloff, Die Affaire Ledoux
61 Heinrich Tessenow, Geschriebenes
62 Giorgio Piccinato, Die Entstehung des Städtebaus
63 John Summerson, Die klassische Sprache der Architektur
64 G. Fischer, L. Fromm, R. Gruber, G. Kähler und K.-D. Weiß, Abschied von der Postmoderne
65 William Hubbard, Architektur und Konvention
66 Philippe Panerai, Jean Castex und Jean-Charles Depaule, Vom Block zur Zeile
67 Gilles Barbey, WohnHaft
68 Christoph Hackelsberger, Plädoyer für eine Befreiung des Wohnens aus den Zwängen sinnloser Perfektion
69 Giulio Carlo Argan, Gropius und das Bauhaus
70 Henry-Russell Hitchcock und Philip Johnson, Der Internationale Stil – 1932
71 Lars Lerup, Das Unfertige bauen
72 Alexander Tzonis und Liane Lefaivre, Das Klassische in der Architektur
73 Elisabeth Blum, Le Corbusiers Wege
74 Walter Schönwandt, Denkfallen beim Planen
75 Robert Seitz und Heinz Zucker (Hrsg.), Um uns die Stadt
76 Walter Ehlers, Gernot Feldhusen und Carl Steckeweh (Hrsg.), CAD: Architektur automatisch?
77 Jan Turnovský, Die Poetik eines Mauervorsprungs
78 Dieter Hoffmann-Axthelm, Wie kommt die Geschichte ins Entwerfen?
79 in Vorbereitung
80 Georg Dehio und Alois Riegl, Konservieren, nicht restaurieren. Herausgegeben von Marion Wohlleben und Georg Mörsch
81 Stefan Polónyi, ... mit zaghafter Konsequenz

---

*vergriffen

Julius Posener

Aufsätze und Vorträge 1931-1980

Architekturkritik/Baugeschichte

Doppelband 54/55. Mit 46 Aufsätzen, Vorträgen und Glossen des Autors.
1981. 407 Seiten mit 54 Abbildungen

ARCHITEKTUR ■ BEI VIEWEG

Stefan Polónyi

.... mit zaghafter Konsequenz

Aufsätze und Vorträge zum Tragwerksentwurf 1961-1987

Tragwerkslehre/Statik/Architektur

Band 81. Mit einer Vorbemerkung von Ulrich Conrads.
1987. 176 Seiten mit zahlreichen Abbildungen

ARCHITEKTUR ■ BEI VIEWEG

**Um uns die Stadt
1931**

**Eine Anthologie
neuer
Großstadtdichtung**

Der Bauwelt Fundamente 75. Band

Herausgegeben von Robert Seitz und Heinz Zucker.
Band 75. Reprint der 1. Auflage von 1931.
Mit einem Vorwort zur Neuausgabe von Ulrich Conrads. 1986. II, 208 Seiten

ARCHITEKTUR ■ BEI VIEWEG

Bei Fragen zur Produktsicherheit wenden Sie sich bitte an:
If you have any questions regarding product safety,
please contact:

Birkhäuser Verlag GmbH
Im Westfeld 8
4055 Basel, Schweiz
productsafety@degruyterbrill.com